Leon Prado

A Arte de Controlar Sonhos
Guia Para Iniciantes no Sonho Lúcido

Título Original: The Art of Controlling Dreams - A Beginner's Guide to Lucid Dreaming

Copyright © 2025, publicado por Luiz Antonio dos Santos ME.
Este livro é uma obra de não-ficção que explora práticas e conceitos sobre sonhos lúcidos e controle da consciência nos estados oníricos. Através de uma abordagem teórica e prática, o autor oferece técnicas e reflexões para o desenvolvimento da lucidez durante o sono.

1ª Edição
Equipe de Produção
Autor: Leon Prado
Editor: Luiz Santos
Capa: Studios Booklas / Marcelo Vieira
Consultor: Renata Albuquerque
Pesquisadores: Carlos Menezes, Ana Paula Vasconcellos, João Ferraz
Diagramação: Eduardo Martins
Tradução: Beatriz Figueiredo
Publicação e Identificação
A Arte de Controlar Sonhos
Booklas, 2025
Categorias: Psicologia / Neurociência / Desenvolvimento Pessoal
DDC: 154.6 – **CDU:** 159.93
Todos os direitos reservados a:
Luiz Antonio dos Santos ME / Booklas
Nenhuma parte deste livro pode ser reproduzida, armazenada num sistema de recuperação ou transmitida por qualquer meio — eletrônico, mecânico, fotocópia, gravação ou outro — sem a autorização prévia e expressa do detentor dos direitos autorais.

Sumário

Indice Sistemático 5
Prólogo 9
Capítulo 1 Mundo Onírico 11
Capítulo 2 Realidade Onírica 16
Capítulo 3 Histórias Inspiradoras 21
Capítulo 4 Ciência Onírica 26
Capítulo 5 Psicologia dos Sonhos 31
Capítulo 6 Diário Onírico 36
Capítulo 7 Testes de Realidade 40
Capítulo 8 Técnicas MILD 45
Capítulo 9 Técnica CAT 53
Capítulo 10 Técnica WBTB 57
Capítulo 11 Realidade Testada 62
Capítulo 12 Meditação Onírica 67
Capítulo 13 Ambiente Ideal 72
Capítulo 14 Diário Onírico 77
Capítulo 15 Ciclos Ajustados 83
Capítulo 16 Sonhos Persistentes 88
Capítulo 17 Indução Rápida 93
Capítulo 18 Despertar Consciente 98
Capítulo 19 Viagens Astrais 103
Capítulo 20 Estabilização Onírica 108
Capítulo 21 Controlando Emoções 113

Capítulo 22 Autoterapia Onírica 118
Capítulo 23 Explorando Cenários 124
Capítulo 24 Viagens Profundas 129
Capítulo 25 Encontros Oníricos 134
Capítulo 26 Treinamento Onírico 139
Capítulo 27 Insights Criativos 145
Capítulo 28 Enfrentando Pesadelos 151
Capítulo 29 Cura Emocional 156
Capítulo 30 Viagens Compartilhadas 162
Capítulo 31 Autotranscendência 168
Capítulo 32 Maestria Onírica 173
Capítulo 33 Diários Avançados 179
Capítulo 34 Além de Sonhar 185
Epílogo 190

Indice Sistemático

Capítulo 1: Mundo Onírico - Apresenta o universo dos sonhos, explorando sua natureza misteriosa e seu potencial para o autoconhecimento.

Capítulo 2: Realidade Onírica - Discute a tênue fronteira entre sonho e realidade, abordando as características dos sonhos comuns e lúcidos.

Capítulo 3: Histórias Inspiradoras - Apresenta relatos de sonhos que influenciaram descobertas científicas, obras de arte e decisões históricas.

Capítulo 4: Ciência Onírica - Explora os estudos científicos sobre os sonhos lúcidos, desde os experimentos pioneiros até as pesquisas com neuroimagem.

Capítulo 5: Psicologia dos Sonhos - Aborda a visão da psicologia, especialmente a junguiana, sobre os sonhos como manifestações do inconsciente.

Capítulo 6: Diário Onírico - Discute a importância do registro de sonhos para aprimorar a memória onírica e identificar padrões.

Capítulo 7: Testes de Realidade - Apresenta técnicas para verificar se se está sonhando, aumentando a consciência durante o sono.

Capítulo 8: Técnicas MILD - Descreve métodos para induzir sonhos lúcidos, como a técnica MILD, ancoragem, reflexão e autossugestão.

Capítulo 9: Técnica CAT - Explica como ajustar os ciclos de sono para aumentar a probabilidade de ter sonhos lúcidos.

Capítulo 10: Técnica WBTB - Detalha a técnica de despertar e retornar à cama para induzir sonhos lúcidos.

Capítulo 11: Realidade Testada - Aprofunda a discussão sobre os testes de realidade e sua importância para o reconhecimento dos sonhos.

Capítulo 12: Meditação Onírica - Explora a relação entre meditação e sonhos lúcidos, e como a prática meditativa pode aprimorar a experiência onírica.

Capítulo 13: Ambiente Ideal - Descreve como o ambiente de sono influencia a qualidade dos sonhos e a indução de sonhos lúcidos.

Capítulo 14: Diário Onírico - Fornece instruções detalhadas sobre como manter um diário de sonhos eficaz.

Capítulo 15: Ciclos Ajustados - Aprofunda a técnica de ajustar os ciclos de sono para induzir sonhos lúcidos.

Capítulo 16: Sonhos Persistentes - Discute o significado de sonhos recorrentes e como utilizá-los para alcançar a lucidez.

Capítulo 17: Indução Rápida - Apresenta técnicas para induzir sonhos lúcidos de forma rápida e eficiente.

Capítulo 18: Despertar Consciente - Discute estratégias para manter a lucidez após despertar dentro de um sonho.

Capítulo 19: Viagens Astrais - Aborda a relação entre sonhos lúcidos e projeção astral, explorando as semelhanças e diferenças entre os fenômenos.

Capítulo 20: Estabilização Onírica - Detalha técnicas para manter a lucidez e prolongar a duração dos sonhos lúcidos.

Capítulo 21: Controlando Emoções - Discute a importância do controle emocional para a estabilidade dos sonhos lúcidos.

Capítulo 22: Autoterapia Onírica - Explora o uso de sonhos lúcidos para cura emocional e autoconhecimento.

Capítulo 23: Explorando Cenários - Discute o controle do ambiente onírico e como utilizá-lo para diversos fins.

Capítulo 24: Viagens Profundas - Explora o potencial dos sonhos lúcidos para acessar o subconsciente e promover o autoconhecimento.

Capítulo 25: Encontros Oníricos - Discute a possibilidade de interagir com personagens oníricos e o significado dessas interações.

Capítulo 26: Treinamento Onírico - Apresenta o uso de sonhos lúcidos para aprimorar habilidades físicas e mentais.

Capítulo 27: Insights Criativos - Discute o potencial dos sonhos lúcidos para estimular a criatividade e a solução de problemas.

Capítulo 28: Enfrentando Pesadelos - Apresenta técnicas para transformar pesadelos em experiências positivas através dos sonhos lúcidos.

Capítulo 29: Cura Emocional - Discute o uso de sonhos lúcidos para processar emoções e promover a cura de traumas.

Capítulo 30: Viagens Compartilhadas - Explora a possibilidade de compartilhar sonhos com outras pessoas.

Capítulo 31: Autotranscendência - Apresenta os sonhos lúcidos como ferramenta para a autotranscendência e a exploração espiritual, promovendo experiências de unidade e insights transformadores.

Capítulo 32: Maestria Onírica - Descreve o domínio absoluto do mundo onírico, onde o sonhador transcende as limitações do inconsciente e molda a realidade onírica com facilidade.

Capítulo 33: Diários Avançados - Apresenta o registro avançado de sonhos como ferramenta de autodescoberta e exploração da mente inconsciente, aprimorando a capacidade de indução de sonhos lúcidos e compreendendo mensagens simbólicas.

Capítulo 34: Além de Sonhar - Discute a integração dos insights dos sonhos lúcidos à vida desperta, influenciando a percepção, o comportamento e a interação com o mundo, promovendo autoconhecimento e desenvolvimento pessoal.

Prólogo

Poucas experiências na vida são tão intensas, misteriosas e transformadoras quanto os sonhos. Todas as noites, sem exceção, você atravessa o véu da realidade e se entrega ao universo onírico – um domínio onde o impossível se torna natural, onde memórias, emoções e símbolos se entrelaçam em narrativas únicas. Mas o que aconteceria se, em vez de ser um mero espectador passivo dessas histórias fugidias, você pudesse assumir o controle total?

Imagine-se voando sobre montanhas que desafiam as leis da física, conversando com personagens de sua imaginação mais profunda, revisitando momentos do passado ou explorando futuros possíveis. Pense na sensação de liberdade ao perceber que está sonhando – e que pode fazer qualquer coisa. Esse não é um dom reservado a poucos iluminados, mas sim uma habilidade que pode ser desenvolvida por qualquer pessoa disposta a despertar dentro de seus próprios sonhos. E é exatamente isso que este livro revelará a você.

A ciência já provou que os sonhos lúcidos são reais e acessíveis. Não são ilusões passageiras ou mitos esotéricos, mas um fenômeno estudado por neurocientistas e psicólogos ao redor do mundo. Grandes mentes da história já se beneficiaram desse poder: inventores visualizaram soluções para seus problemas durante sonhos lúcidos, artistas transformaram visões oníricas em obras imortais, e sábios mergulharam profundamente em seus próprios inconscientes para encontrar respostas que jamais teriam em estado desperto.

Mas a questão central permanece: e você? Está pronto para acessar esse mundo oculto?

Dentro destas páginas, você descobrirá métodos testados e refinados para induzir a lucidez nos sonhos. Aprenderá a reconhecer os sinais de que está sonhando, a treinar sua mente para questionar a realidade e a utilizar estratégias que farão com que seus sonhos se tornem tão vívidos e coerentes quanto o mundo desperto. Além disso, explorará como essa prática pode ampliar sua criatividade, desbloquear medos ocultos, fortalecer sua autoconfiança e até aprimorar habilidades do mundo real através de ensaios oníricos.

O despertar começa agora. Não permita que mais uma noite passe sem que você descubra o poder que sempre esteve ao seu alcance. Afinal, dormir sem sonhar é perder a oportunidade de explorar um universo sem limites – um universo que aguarda ansiosamente para ser desvendado por você.

Você está pronto para atravessar essa porta?

Então feche os olhos, tome consciência... e desperte.

Luiz Santos
Editor

Capítulo 1
Mundo Onírico

O sono não é apenas um estado de repouso para o corpo, mas uma passagem para um vasto universo de experiências subjetivas, onde a mente se desliga das amarras do mundo desperto e adentra uma dimensão própria, moldada por memórias, desejos e simbolismos profundos. Durante esse período, o cérebro não apenas recupera suas energias, mas também reorganiza informações, processa emoções e, sobretudo, dá origem a um dos fenômenos mais intrigantes da existência humana: os sonhos. Essas manifestações oníricas, que podem ser tanto fragmentadas e efêmeras quanto vívidas e repletas de detalhes, refletem o funcionamento interno da psique e, ao longo da história, suscitaram interpretações que vão desde mensagens divinas até meras reações químicas do cérebro. A despeito das inúmeras teorias que tentam explicar sua natureza e propósito, os sonhos continuam a ser um território fascinante e, muitas vezes, inexplorado, que desafia os limites do que entendemos sobre a consciência e a percepção da realidade.

No universo dos sonhos, a mente se desprende das restrições da lógica convencional e das leis que governam o mundo físico, permitindo a criação de cenários impossíveis, encontros improváveis e narrativas que desafiam qualquer coerência linear. Nesse estado de suspensão das regras habituais da realidade, é possível vivenciar situações que transcendem as experiências do cotidiano, transportando o indivíduo para contextos que podem ser absurdos, fantásticos ou profundamente simbólicos. Em algumas ocasiões, o sonhador se vê completamente imerso nesses cenários, sem questionar sua veracidade, enquanto, em outras, uma súbita percepção o leva a compreender que tudo o que experimenta não passa de uma construção mental – é nesse momento que surge o fenômeno do sonho lúcido. A experiência de se tornar consciente dentro do próprio sonho inaugura uma nova forma de interação com esse universo onírico, onde o indivíduo deixa de ser um mero espectador e passa a ter um papel ativo na construção e manipulação de sua própria realidade interior.

Esse domínio sobre os próprios sonhos não apenas desperta a curiosidade científica, mas também abre caminhos para descobertas pessoais e avanços no autoconhecimento. A lucidez nos sonhos representa uma oportunidade de explorar os recônditos da mente, confrontar medos e inseguranças, estimular a criatividade e até mesmo aprimorar habilidades do mundo real através da prática simulada. Desde tempos remotos, filósofos, místicos e estudiosos buscaram compreender e desenvolver técnicas para alcançar esse estado de consciência dentro do sono, percebendo que ele poderia servir tanto para a introspecção e o crescimento pessoal quanto para a criação artística e o desenvolvimento cognitivo. Assim, o mundo dos sonhos, frequentemente relegado ao papel de uma mera atividade noturna sem maiores implicações, revela-se um campo vasto de possibilidades que aguarda aqueles dispostos a explorá-lo com atenção e intenção.

Dentro do amplo espectro da experiência onírica, existe um fenômeno particularmente intrigante: o sonho lúcido. Mas, afinal, o que define um sonho lúcido? Em termos simples, é aquele em que o sonhador tem plena consciência de que está sonhando. Essa percepção, que pode variar em intensidade, desde um vago reconhecimento até uma clareza cristalina, transforma completamente a experiência onírica. O sonhador lúcido não é mais um mero espectador passivo, mas sim um participante ativo, capaz de interagir com o ambiente e os personagens do sonho, modificar a narrativa e até mesmo desafiar as leis da física que regem o mundo desperto.

Essa capacidade de assumir o controle do próprio sonho abre um leque de possibilidades surpreendentes. O sonho lúcido não é apenas uma forma de entretenimento ou uma curiosidade neurológica, mas sim uma ferramenta poderosa para o desenvolvimento pessoal, a criatividade e a exploração do inconsciente. No âmbito do autoconhecimento, o sonho lúcido permite que o indivíduo se aprofunde em seu próprio mundo interior, confrontando medos, resolvendo conflitos emocionais e acessando partes do inconsciente que normalmente permanecem inacessíveis durante a vigília.

Imagine, por exemplo, a possibilidade de superar um medo recorrente, como o de falar em público. Em um sonho lúcido, você poderia ensaiar discursos, interagir com plateias imaginárias e experimentar diferentes abordagens, tudo isso em um ambiente seguro e controlado, onde o erro não tem consequências reais. Ou, quem sabe, confrontar um trauma do passado, revivendo a situação de uma nova perspectiva, com a consciência de que se trata de um sonho e a capacidade de alterar o desfecho. As possibilidades são infinitas, limitadas apenas pela imaginação do sonhador.

Além do potencial terapêutico e de autoconhecimento, os sonhos lúcidos também se mostram como um terreno fértil para a criatividade. Artistas, escritores, músicos e inventores relatam frequentemente que encontram inspiração em seus sonhos, utilizando-os como um laboratório de ideias onde podem experimentar livremente, sem as limitações do mundo físico. A mente, liberta das amarras da lógica e da razão, pode criar conexões inusitadas, gerar imagens surpreendentes e conceber soluções inovadoras para problemas complexos. Muitos relatos dão conta de músicas que foram compostas, quadros que foram pintados e invenções que foram projetadas, primeiramente, no mundo onírico.

No campo da ciência, os sonhos lúcidos abriram novas perspectivas para o estudo da consciência e do funcionamento do cérebro. Pesquisadores utilizam técnicas de neuroimagem, como a ressonância magnética funcional, para investigar a atividade cerebral durante os sonhos lúcidos, buscando compreender os mecanismos neurais que permitem a emergência da consciência dentro do sonho. Esses estudos podem trazer insights valiosos sobre a natureza da própria consciência, um dos maiores mistérios da ciência. Além disso, a pesquisa sobre sonhos lúcidos pode contribuir para o desenvolvimento de novas abordagens terapêuticas para transtornos do sono, como pesadelos recorrentes, e até mesmo para problemas de saúde mental, como a ansiedade e a depressão.

O sonho lúcido, portanto, não é um fenômeno trivial ou um mero passatempo. É uma capacidade inerente a todos os seres humanos, que pode ser cultivada e aprimorada com técnicas e práticas específicas. Ao longo deste livro, você descobrirá os métodos para induzir a lucidez nos seus sonhos, aprenderá a controlar o ambiente onírico, a interagir com os personagens e a utilizar essa ferramenta extraordinária para explorar seu próprio potencial, superar seus limites e transformar sua vida.

O mundo dos sonhos é um território vasto e inexplorado, repleto de mistérios e possibilidades. A lucidez é a chave que abre as portas desse universo, permitindo que você se torne o protagonista da sua própria jornada onírica. A capacidade de sonhar conscientemente é um convite para uma aventura sem limites, uma oportunidade de descobrir quem você realmente é e do que você é capaz. Essa jornada começa agora. Prepare-se para desvendar os segredos do mundo onírico e descobrir o poder transformador dos sonhos lúcidos.

Capítulo 2
Realidade Onírica

A experiência humana não se limita apenas ao mundo desperto; ela se estende para uma dimensão subjetiva e fascinante que emerge durante o sono. Esse estado, frequentemente tratado como um simples mecanismo de repouso, na realidade, abriga uma complexidade que ultrapassa a mera recuperação física. Durante o sono, a mente se desprende das limitações impostas pela realidade cotidiana e adentra um universo onde o tempo, o espaço e as leis naturais podem ser radicalmente diferentes. Esse ambiente onírico, no qual sensações, memórias e desejos se misturam em narrativas improváveis, revela aspectos profundos da psique humana e tem sido objeto de curiosidade e estudo ao longo da história. Diferentes culturas interpretaram os sonhos como mensagens divinas, manifestações do inconsciente ou até mesmo como realidades paralelas, evidenciando o fascínio e a importância atribuídos a esse fenômeno.

Dentro desse vasto mundo dos sonhos, a percepção da realidade se encontra em constante transformação. Embora, na maior parte do tempo, os sonhos sejam experimentados de maneira passiva, sem questionamento sobre sua natureza, existem momentos em que a consciência pode emergir, permitindo ao sonhador reconhecer que está em um estado onírico. Esse reconhecimento marca a diferença fundamental entre os sonhos comuns e os sonhos lúcidos. No primeiro caso, os eventos se desenrolam sem a intervenção do sonhador, que é levado pela narrativa sem consciência de sua participação. No segundo, há uma tomada de consciência que altera completamente a dinâmica do sonho, possibilitando o questionamento e, em muitos casos, o controle sobre os acontecimentos. Esse despertar dentro do próprio sonho representa uma experiência transformadora, abrindo portas para um nível de exploração e interação com o mundo onírico que ultrapassa os limites da imaginação cotidiana.

    A transição entre o sonho comum e o sonho lúcido não é sempre imediata ou claramente definida. Muitas vezes, há momentos de hesitação, nos quais a mente percebe pequenas incongruências na narrativa do sonho, mas ainda não consegue estabelecer plenamente sua natureza ilusória. Esses instantes de dúvida são essenciais para o desenvolvimento da lucidez onírica, pois representam os primeiros indícios de que a mente está começando a questionar a realidade apresentada. Com a prática, o sonhador pode aprender a identificar tais sinais e utilizá-los como gatilhos para ampliar sua percepção dentro dos sonhos. Ao compreender a dinâmica entre os estados de consciência onírica, é possível não apenas aprimorar a experiência de sonhar, mas também utilizar essa habilidade para fins de autoconhecimento, criatividade e até mesmo desenvolvimento pessoal.

Sonhos comuns são narrativas que se desenrolam em nossa mente durante o sono, sem que tenhamos consciência de que estamos sonhando. Nesses sonhos, somos como espectadores de um filme, levados pela correnteza de eventos que muitas vezes desafiam a lógica e a coerência do mundo desperto. Podemos vivenciar situações fantásticas, encontrar pessoas que já partiram, voar pelos céus, enfrentar perigos imaginários ou experimentar prazeres intensos. Tudo isso acontece sem que questionemos a natureza da experiência, sem que nos perguntemos se estamos acordados ou sonhando.

A lógica dos sonhos comuns é frequentemente distorcida. As leis da física podem ser suspensas: podemos voar sem asas, atravessar paredes, respirar embaixo d'água. O tempo pode se comportar de maneira não linear: o passado, o presente e o futuro se misturam, eventos se repetem ou se desenrolam em velocidades diferentes. As pessoas e os lugares podem se transformar de maneira abrupta e inesperada. As emoções podem ser intensas e voláteis, passando rapidamente da alegria ao medo, da tristeza à euforia.

Essa falta de questionamento, essa aceitação da experiência onírica como realidade, mesmo que absurda, é a principal característica que define o sonho comum. Estamos imersos na narrativa, vivenciando-a plenamente, sem a capacidade de discernir que se trata de uma criação da nossa própria mente. Essa ausência de consciência é o que diferencia fundamentalmente o sonho comum do sonho lúcido.

O sonho lúcido, por sua vez, é marcado pela presença da consciência. Em algum momento durante o sonho, o sonhador "desperta" dentro do próprio sonho, percebendo que o que está vivenciando não é a realidade física, mas sim uma projeção da sua mente. Essa tomada de consciência pode variar em intensidade. Pode ser um vago reconhecimento, uma sensação de estranheza, uma intuição de que algo não está certo. Ou pode ser uma clareza absoluta, uma certeza inabalável de que se está sonhando.

Com a consciência, surge a possibilidade de controle. O sonhador lúcido pode, em maior ou menor grau, influenciar o desenrolar do sonho. Pode modificar o cenário, transformar objetos, interagir com os personagens, desafiar as leis da física e até mesmo alterar a própria narrativa onírica. Essa capacidade de controle é um dos aspectos mais fascinantes do sonho lúcido, pois permite que o sonhador explore seu próprio mundo interior de maneira ativa e criativa. Ele se torna o diretor, o roteirista e o protagonista do seu próprio filme onírico.

É importante notar que a transição entre o sonho comum e o sonho lúcido nem sempre é abrupta e definida. Muitas vezes, existem momentos de "pré-lucidez", em que o sonhador começa a questionar a natureza da realidade onírica, mas ainda não tem certeza se está sonhando. Esses momentos podem ser cruciais para o desenvolvimento da lucidez, pois indicam que a consciência está começando a emergir dentro do sonho. Pequenos sinais, como incongruências no cenário ou eventos impossíveis, podem servir como gatilhos para a lucidez.

Outra diferença significativa entre os dois tipos de sonho reside na intensidade sensorial e emocional. Embora os sonhos comuns possam ser vívidos e emocionalmente carregados, os sonhos lúcidos tendem a ser ainda mais intensos. A percepção de estar sonhando, combinada com a capacidade de controlar o ambiente onírico, potencializa as sensações e emoções. As cores podem parecer mais vibrantes, os sons mais nítidos, os toques mais intensos. As emoções, como alegria, medo, êxtase ou tristeza, podem ser experimentadas com uma força surpreendente, muitas vezes superando em intensidade as experiências da vida desperta. Essa intensidade sensorial e emocional é um dos atrativos do sonho lúcido, tornando-o uma experiência única e memorável.

Em resumo, sonhos comuns e lúcidos compartilham o mesmo palco – a mente adormecida – mas suas características e potenciais são distintos. Enquanto o sonho comum nos conduz a uma jornada inconsciente, o sonho lúcido nos convida a explorar conscientemente o vasto e misterioso território da nossa própria mente. O reconhecimento dessas diferenças é o primeiro passo para quem deseja aprender a induzir e a controlar seus próprios sonhos lúcidos.

Capítulo 3
Histórias Inspiradoras

Ao longo da história, os sonhos exerceram um papel crucial na vida de inúmeras pessoas, influenciando descobertas, inspirações artísticas e decisões que moldaram civilizações inteiras. Desde a antiguidade, os relatos de sonhos reveladores e premonitórios se multiplicam, sugerindo que a mente humana, ao se desprender das amarras do mundo desperto, pode acessar um nível mais profundo de criatividade, intuição e compreensão. Figuras históricas, cientistas, artistas e filósofos frequentemente relataram experiências oníricas que mudaram o curso de suas vidas, demonstrando que os sonhos não são meras ilusões noturnas, mas sim portais para insights poderosos e transformadores. Em muitas culturas, os sonhos eram vistos como mensagens divinas ou revelações do inconsciente, capazes de guiar escolhas e revelar verdades ocultas. Esse fascínio universal pelo mundo onírico se mantém até os dias atuais, impulsionado por relatos extraordinários de sonhos que alteraram o destino de indivíduos e até mesmo de sociedades inteiras.

As histórias de inspiração advinda dos sonhos permeiam todas as áreas do conhecimento e da criatividade humana. Grandes descobertas científicas foram concebidas no mundo onírico, onde a mente, livre das limitações lógicas e racionais, conseguiu estabelecer conexões que pareciam inatingíveis no estado desperto. A solução para complexos problemas matemáticos, a concepção de estruturas moleculares e até mesmo avanços tecnológicos nasceram de imagens e símbolos oníricos que, à primeira vista, poderiam parecer abstratos, mas continham chaves essenciais para a compreensão de fenômenos reais. Esse fenômeno sugere que os sonhos não apenas refletem as preocupações e os pensamentos do indivíduo, mas também podem funcionar como um mecanismo de processamento e organização de ideias, permitindo que soluções criativas e inovadoras emergam sem a interferência das barreiras do pensamento linear.

    Além da ciência, o campo das artes e da literatura está repleto de exemplos de criações que tiveram origem em experiências oníricas. Muitos escritores e artistas afirmam que algumas de suas obras mais impactantes surgiram em sonhos, onde imagens vívidas, enredos completos e até mesmo melodias inteiras lhes foram "reveladas". A mente, ao explorar territórios simbólicos e inconscientes, é capaz de gerar narrativas e conceitos que desafiam as restrições da lógica cotidiana, abrindo caminho para criações originais e profundas. Esse fenômeno reforça a ideia de que os sonhos não apenas espelham a realidade interior do sonhador, mas também atuam como um instrumento de expressão criativa, proporcionando novas formas de ver, interpretar e reinventar o mundo. Seja na ciência, na filosofia ou na arte, os sonhos continuam a ser um mistério fascinante e uma fonte inesgotável de inovação, provando que a realidade onírica pode conter respostas e inspirações que transcendem as fronteiras da vigília.

Um dos relatos mais antigos e emblemáticos de sonhos com impacto histórico é encontrado na Bíblia, no Antigo Testamento. José, filho de Jacó, possuía o dom de interpretar sonhos. Quando foi vendido como escravo para o Egito, sua habilidade chamou a atenção do Faraó, que era atormentado por sonhos perturbadores. José interpretou os sonhos do Faraó – sete vacas gordas seguidas de sete vacas magras, e sete espigas cheias seguidas de sete espigas mirradas – como uma previsão de sete anos de fartura seguidos de sete anos de seca e fome. Graças a essa interpretação, o Egito pôde se preparar para a crise, armazenando alimentos durante os anos de abundância, e José foi alçado a uma posição de poder e influência.

Na Grécia Antiga, os sonhos eram considerados uma forma de comunicação entre os deuses e os mortais. Existiam templos dedicados a Asclépio, o deus da cura, onde as pessoas praticavam a incubação de sonhos, um ritual que consistia em dormir no templo na esperança de receber um sonho revelador que trouxesse a cura para suas doenças ou respostas para seus problemas. O filósofo Aristóteles, embora não acreditasse na origem divina dos sonhos, dedicou um tratado inteiro ao tema ("Sobre os Sonhos"), no qual investigou sua natureza e suas causas, demonstrando o interesse da filosofia grega pelo fenômeno onírico.

Avançando no tempo, encontramos o relato do filósofo e matemático francês René Descartes, um dos pilares do pensamento moderno. Em sua obra "Discurso do Método", Descartes descreve uma série de sonhos intensos que teve em uma única noite, em 1619. Nesses sonhos, ele se viu em meio a tempestades, ventos fortes e fantasmas. Descartes interpretou esses sonhos como um chamado divino para buscar a verdade e o conhecimento através da razão. Esses sonhos teriam sido um ponto de inflexão em sua vida, levando-o a desenvolver o método filosófico racionalista que o tornou famoso.

No século XIX, a história da ciência registra um caso notável de inspiração onírica. O químico alemão Friedrich August Kekulé von Stradonitz lutava para desvendar a estrutura molecular do benzeno, um composto orgânico fundamental. Em 1865, após anos de pesquisa infrutífera, Kekulé teve um sonho em que viu uma serpente mordendo a própria cauda, formando um anel. Essa imagem onírica o inspirou a conceber a estrutura cíclica do benzeno, uma descoberta revolucionária que abriu caminho para o desenvolvimento da química orgânica moderna.

Outro exemplo inspirador vem da área da tecnologia. Elias Howe, um inventor americano, passou anos tentando criar uma máquina de costura eficiente. Ele enfrentava dificuldades para projetar o mecanismo da agulha. Em um sonho, Howe se viu cercado por guerreiros que portavam lanças com um furo na ponta. Ao acordar, ele percebeu que a solução para seu problema era passar a linha pela ponta da agulha, e não pela base, como se fazia tradicionalmente. Essa ideia, inspirada pelo sonho, permitiu que Howe finalizasse sua invenção, que revolucionou a indústria têxtil.

No campo das artes, o escritor escocês Robert Louis Stevenson, autor do clássico "O Médico e o Monstro" ("Strange Case of Dr Jekyll and Mr Hyde"), relatou que a ideia central da história surgiu de um pesadelo. Stevenson sonhou com a transformação de um homem em um ser monstruoso, representando a dualidade entre o bem e o mal na natureza humana. Ao acordar, ele escreveu febrilmente a trama básica do romance, que se tornou um sucesso mundial e uma referência na literatura sobre o lado sombrio da psique humana.

Esses são apenas alguns exemplos de como os sonhos, ao longo da história, têm sido fonte de inspiração, revelação e transformação. Seja como mensagens divinas, insights científicos ou inspirações artísticas, as experiências oníricas continuam a intrigar e a desafiar a compreensão humana, demonstrando que o mundo dos sonhos é um território fértil a ser explorado e valorizado.

Capítulo 4
Ciência Onírica

A compreensão científica dos sonhos lúcidos representa um dos avanços mais intrigantes no estudo da mente humana, unindo neurociência, psicologia e tecnologia para explorar um fenômeno que, por séculos, permaneceu envolto em mistério. Inicialmente vistos com ceticismo, os sonhos lúcidos foram considerados, durante muito tempo, meras fantasias sem respaldo empírico. No entanto, conforme a ciência avançou, tornou-se evidente que a lucidez nos sonhos não apenas existe, mas pode ser medida, analisada e até induzida por meio de técnicas específicas. A investigação desse estado peculiar de consciência tem permitido vislumbrar novas perspectivas sobre o funcionamento cerebral, desafiando a compreensão tradicional de que o sono e a vigília são estados completamente distintos e incompatíveis. O estudo dos sonhos lúcidos, portanto, não apenas amplia o conhecimento sobre os mecanismos do sono, mas também levanta questões profundas sobre a própria natureza da consciência e suas possibilidades dentro do estado onírico.

Os avanços tecnológicos desempenharam um papel essencial na validação científica dos sonhos lúcidos, permitindo a observação direta das atividades cerebrais durante o sono. O desenvolvimento de técnicas de neuroimagem, como a ressonância magnética funcional (fMRI) e a eletroencefalografia (EEG), possibilitou a identificação de padrões de ativação específicos no cérebro de sonhadores lúcidos. As pesquisas revelaram que o córtex pré-frontal dorsolateral, região responsável pelo pensamento crítico e pela autorreflexão, apresenta uma atividade significativamente maior durante os sonhos lúcidos em comparação aos sonhos comuns. Essa descoberta sugere que, ao contrário do que se acreditava, é possível manifestar um nível elevado de autoconsciência e raciocínio lógico mesmo enquanto se está imerso no estado onírico. Esse achado não apenas confirma a existência dos sonhos lúcidos, mas também sugere que a mente pode operar de maneira surpreendentemente sofisticada durante o sono, desafiando as noções convencionais sobre os limites da cognição humana.

Além de seu valor científico, os sonhos lúcidos têm despertado interesse por seu potencial terapêutico e psicológico. Estudos indicam que a prática de indução da lucidez onírica pode ser benéfica para o tratamento de pesadelos recorrentes, ansiedade e transtorno de estresse pós-traumático, permitindo que o sonhador assuma o controle da narrativa do sonho e ressignifique experiências negativas. Além disso, há evidências de que os sonhos lúcidos podem ser um instrumento valioso para o desenvolvimento da criatividade, da resolução de problemas e do aprimoramento de habilidades cognitivas. O impacto desses sonhos na saúde mental e no bem-estar emocional continua sendo explorado, mas as descobertas até agora sugerem que o domínio da lucidez onírica pode abrir portas para novas formas de autoconhecimento e crescimento pessoal. À medida que a ciência avança, os sonhos lúcidos deixam de ser apenas um fenômeno curioso para se tornarem uma ferramenta poderosa, capaz de transformar nossa relação com a mente e expandir os horizontes da consciência humana.

Inicialmente, a ideia de que uma pessoa pudesse estar consciente durante o sono REM (Rapid Eye Movement), a fase do sono em que ocorrem os sonhos mais vívidos, era recebida com ceticismo pela comunidade científica. Muitos pesquisadores consideravam que a consciência e o sono eram estados mutuamente exclusivos. No entanto, a partir da década de 1970, os experimentos pioneiros do psicofisiologista Stephen LaBerge, na Universidade de Stanford, começaram a mudar essa visão.

LaBerge desenvolveu uma técnica engenhosa para comprovar a existência dos sonhos lúcidos. Ele instruiu voluntários a realizar movimentos oculares predeterminados (por exemplo, olhar para a esquerda e para a direita repetidamente) assim que percebessem que estavam sonhando. Esses movimentos oculares, que podem ser detectados por meio de eletrodos colocados ao redor dos olhos (eletro-oculografia), serviriam como um sinal para os pesquisadores, indicando que o voluntário estava consciente dentro do sonho.

Os resultados desses experimentos foram surpreendentes. LaBerge conseguiu registrar os sinais oculares predeterminados, demonstrando que os voluntários eram capazes de manter a consciência durante o sono REM e de se comunicar com o mundo externo, mesmo estando em um estado onírico. Esses estudos pioneiros abriram caminho para uma nova área de pesquisa, a ciência dos sonhos lúcidos.

Desde então, diversos estudos têm sido realizados para investigar os mecanismos cerebrais envolvidos nos sonhos lúcidos. Técnicas de neuroimagem, como a ressonância magnética funcional (fMRI) e a eletroencefalografia (EEG), permitem observar a atividade cerebral em tempo real, identificando as áreas que estão mais ativas durante os sonhos lúcidos em comparação com os sonhos comuns.

Os resultados dessas pesquisas indicam que os sonhos lúcidos estão associados a um aumento da atividade em áreas específicas do cérebro, principalmente no córtex pré-frontal dorsolateral. Essa região do cérebro é responsável por funções cognitivas superiores, como a consciência, o pensamento crítico, a tomada de decisões e a memória de trabalho. O aumento da atividade nessa área durante os sonhos lúcidos sugere que essas funções cognitivas, que normalmente estão suprimidas durante o sono REM, são reativadas durante a experiência lúcida.

Outros estudos investigaram as diferenças na atividade elétrica do cérebro entre sonhos lúcidos e não lúcidos. A eletroencefalografia (EEG) mede as ondas cerebrais, que são padrões de atividade elétrica gerados pelos neurônios. Os pesquisadores descobriram que os sonhos lúcidos estão associados a um aumento na frequência das ondas gama, que são ondas cerebrais de alta frequência associadas à consciência, à atenção e à integração de informações.

Além dos estudos sobre a atividade cerebral, a pesquisa científica também se dedica a investigar as características psicológicas dos sonhadores lúcidos e os efeitos dos sonhos lúcidos sobre o bem-estar e a saúde mental. Estudos indicam que pessoas que têm sonhos lúcidos com frequência tendem a apresentar maior capacidade de insight, criatividade e resolução de problemas. Além disso, a prática de sonhos lúcidos tem sido associada a uma redução dos sintomas de ansiedade, depressão e estresse pós-traumático.

A ciência dos sonhos lúcidos ainda está em seus estágios iniciais, mas os avanços recentes têm demonstrado que esse fenômeno é real, mensurável e passível de investigação científica rigorosa. As pesquisas nessa área não apenas ampliam nossa compreensão sobre a natureza da consciência e do sono, mas também abrem novas perspectivas para o desenvolvimento de intervenções terapêuticas e para a exploração do potencial da mente humana. O estudo científico dos sonhos lúcidos representa uma ponte entre a subjetividade da experiência onírica e a objetividade da ciência, revelando um campo fascinante e promissor para a exploração do cérebro e da mente.

Capítulo 5
Psicologia dos Sonhos

A psicologia dos sonhos revela que o universo onírico não se limita a meras imagens aleatórias geradas pelo cérebro durante o sono, mas representa um território simbólico onde aspectos profundos da psique se manifestam. Desde os tempos antigos, os sonhos foram considerados mensagens do inconsciente, carregados de significados ocultos que podem influenciar a vida desperta. Dentro dessa perspectiva, o psicólogo suíço Carl Jung trouxe uma abordagem revolucionária ao sugerir que os sonhos são expressões legítimas da psique, oferecendo pistas valiosas sobre conflitos internos, desejos reprimidos e o processo de individuação. Para Jung, o inconsciente não era apenas um depósito de conteúdos reprimidos, como propôs Freud, mas uma dimensão viva e estruturada, composta pelo inconsciente pessoal e pelo inconsciente coletivo. Os sonhos lúcidos, ao permitirem que o indivíduo explore conscientemente esse território interior, oferecem uma ferramenta única para autoconhecimento e transformação psicológica.

O inconsciente coletivo, segundo Jung, abriga os arquétipos, padrões universais de comportamento e símbolos compartilhados por toda a humanidade. Nos sonhos, esses arquétipos emergem por meio de personagens, cenários e narrativas que expressam aspectos fundamentais da psique humana. Em um sonho comum, esses elementos se manifestam de forma simbólica, frequentemente desafiando a lógica e exigindo interpretação para serem compreendidos. Já nos sonhos lúcidos, o sonhador tem a oportunidade de interagir ativamente com esses conteúdos, fazendo perguntas, modificando a narrativa ou confrontando figuras arquetípicas diretamente. Isso abre um campo de possibilidades para a compreensão da própria psique e para o processo de integração de partes desconhecidas ou negligenciadas da personalidade. A Sombra, por exemplo, que representa os aspectos reprimidos ou rejeitados do eu, pode surgir nos sonhos na forma de figuras assustadoras ou situações desconfortáveis. No estado lúcido, em vez de fugir ou ser dominado pelo medo, o sonhador pode enfrentar essas figuras, compreendendo sua mensagem e promovendo a aceitação e a integração desses aspectos.

Além da Sombra, outros arquétipos podem surgir nos sonhos lúcidos, como a Anima e o Animus, representações do princípio feminino e masculino na psique, respectivamente, e o Velho Sábio ou a Grande Mãe, que simbolizam orientação e conhecimento intuitivo. A interação consciente com essas figuras oníricas pode proporcionar revelações profundas sobre a identidade e os desafios internos do sonhador. Dessa forma, os sonhos lúcidos se tornam uma ferramenta poderosa não apenas para experiências lúdicas e exploratórias, mas também para um trabalho psicológico profundo. O sonhador pode se utilizar dessa consciência ampliada para resolver conflitos internos, fortalecer aspectos negligenciados de sua personalidade e trilhar o caminho da individuação – o processo de tornar-se um ser humano mais completo e integrado. Assim, a psicologia dos sonhos demonstra que, longe de serem meras ilusões noturnas, os sonhos lúcidos oferecem uma oportunidade extraordinária para o desenvolvimento psicológico e a expansão da consciência.

O inconsciente, segundo Jung, é composto por duas camadas principais: o inconsciente pessoal e o inconsciente coletivo. O inconsciente pessoal contém memórias reprimidas, experiências esquecidas, desejos não realizados e emoções não processadas que são específicas de cada indivíduo. Já o inconsciente coletivo é uma camada mais profunda e universal, compartilhada por todos os seres humanos, que contém os arquétipos, padrões de comportamento e imagens primordiais que são herdados de nossos ancestrais.

Os sonhos, tanto os comuns quanto os lúcidos, são considerados por Jung como uma via de acesso ao inconsciente. Eles funcionam como uma espécie de "ponte" entre a consciência e o inconsciente, permitindo que conteúdos reprimidos ou desconhecidos emerjam à superfície. Nos sonhos comuns, esses conteúdos se manifestam de forma simbólica e muitas vezes disfarçada, exigindo interpretação para serem compreendidos.

Os sonhos lúcidos, por sua vez, oferecem uma oportunidade única de interação direta com o inconsciente. Ao se tornar consciente dentro do sonho, o sonhador ganha a capacidade de explorar ativamente seu mundo interior, dialogar com os personagens oníricos (que podem representar aspectos do próprio self), confrontar seus medos e traumas, e acessar informações e insights que normalmente estão fora do alcance da consciência desperta.

Jung acreditava que o processo de individuação, o desenvolvimento da personalidade em direção à totalidade e à integração dos opostos, era o objetivo central da vida humana. Os sonhos lúcidos podem desempenhar um papel importante nesse processo, permitindo que o indivíduo se aprofunde em seu próprio inconsciente, reconheça e integre seus aspectos sombrios (a "Sombra", na terminologia junguiana), e desenvolva uma relação mais consciente e equilibrada com seu próprio mundo interior.

A Sombra, um dos arquétipos mais importantes do inconsciente coletivo, representa aqueles aspectos da personalidade que são rejeitados ou reprimidos pela consciência, por serem considerados negativos, inadequados ou indesejáveis. Esses aspectos podem incluir emoções como raiva, inveja, medo, ou características de personalidade como egoísmo, agressividade ou fraqueza. Nos sonhos, a Sombra pode se manifestar na forma de personagens ameaçadores, monstros, animais selvagens ou situações assustadoras.

Em um sonho lúcido, o sonhador tem a oportunidade de confrontar diretamente sua Sombra, dialogar com ela, compreender suas origens e motivações, e integrar esses aspectos rejeitados em sua personalidade consciente. Esse processo de integração da Sombra é fundamental para o desenvolvimento da individuação, pois permite que o indivíduo se torne mais completo, autêntico e equilibrado.

Além da Sombra, os sonhos lúcidos também podem permitir o encontro com outros arquétipos do inconsciente coletivo, como a Anima (o aspecto feminino do inconsciente masculino) e o Animus (o aspecto masculino do inconsciente feminino), o Velho Sábio (a sabedoria interior), a Criança Divina (o potencial de renovação) e muitos outros. A interação com esses arquétipos pode trazer insights profundos sobre a dinâmica psíquica do sonhador e auxiliar no processo de autoconhecimento e transformação pessoal.

A psicologia dos sonhos, em especial a abordagem junguiana, oferece um quadro teórico rico e complexo para compreender a importância dos sonhos lúcidos como ferramenta de exploração do inconsciente e de desenvolvimento pessoal. Ao se tornar consciente dentro do sonho, o sonhador ganha acesso a um mundo interior vasto e misterioso, onde pode confrontar seus medos, integrar seus aspectos sombrios, dialogar com seus arquétipos e trilhar o caminho da individuação, rumo à totalidade do ser.

Capítulo 6
Diário Onírico

No processo de desenvolvimento da consciência nos sonhos, um dos instrumentos mais eficazes para ampliar a percepção e fortalecer a conexão com o mundo onírico é o diário de sonhos. Esse registro sistemático das experiências noturnas não apenas aprimora a capacidade de lembrar os sonhos com maior nitidez, mas também permite uma análise profunda dos símbolos, padrões e emoções que emergem durante o estado onírico. A prática contínua de anotar os sonhos ao despertar fortalece a memória onírica, treinando a mente para reter detalhes que, de outra forma, se perderiam nos primeiros momentos após acordar. Mais do que uma simples anotação, esse diário se transforma em um mapa pessoal do inconsciente, revelando insights valiosos sobre a psique e servindo como uma ferramenta essencial para a conquista da lucidez dentro dos sonhos.

Ao estabelecer o hábito de registrar os sonhos diariamente, a mente se acostuma a valorizar essas experiências e a diferenciá-las com maior clareza do estado de vigília. Com o tempo, padrões começam a emergir, revelando elementos recorrentes que podem servir como gatilhos para a percepção da condição de sonho durante o próprio sono. Personagens, cenários, emoções e eventos específicos tendem a se repetir, funcionando como marcadores que indicam quando se está sonhando. Essa identificação sistemática facilita o treinamento da mente para questionar a realidade, tornando possível reconhecer um sonho enquanto ele ocorre. Além disso, o diário possibilita o aprofundamento na interpretação simbólica dos sonhos, permitindo que cada pessoa compreenda melhor seus próprios medos, desejos e preocupações refletidos nas narrativas oníricas.

A construção de um diário de sonhos eficiente requer disciplina e um compromisso com o autoconhecimento. A anotação deve ser feita assim que a pessoa desperta, antes que as lembranças do sonho se dissipem. Não é necessário que os relatos sejam extensos ou perfeitamente organizados; mesmo fragmentos, palavras-chave ou breves descrições das sensações experimentadas são suficientes para treinar a mente a lembrar com maior clareza. À medida que esse hábito se fortalece, a qualidade das lembranças melhora e a imersão na realidade onírica se intensifica. Esse processo não apenas favorece o desenvolvimento dos sonhos lúcidos, mas também aprofunda a conexão entre a mente consciente e o universo simbólico do inconsciente, abrindo portas para um entendimento mais amplo sobre si mesmo.

A importância do diário de sonhos reside em vários aspectos. Primeiramente, ele ajuda a fortalecer a memória onírica. A maioria das pessoas esquece grande parte dos seus sonhos poucos minutos após acordar. Ao adquirir o hábito de anotar os sonhos imediatamente ao despertar, mesmo que sejam apenas fragmentos ou sensações, você treina seu cérebro a prestar mais atenção às experiências oníricas e a retê-las na memória. Com o tempo, a capacidade de recordar os sonhos se torna mais aguçada e detalhada.

Além de fortalecer a memória, o diário de sonhos permite identificar padrões, temas recorrentes e símbolos significativos que se manifestam em seus sonhos. Ao reler as anotações ao longo do tempo, você começa a perceber que certos elementos, personagens, situações ou emoções aparecem com frequência em seus sonhos. Esses padrões podem revelar aspectos importantes do seu inconsciente, preocupações, desejos, medos ou conflitos internos que merecem atenção.

O diário de sonhos também é uma ferramenta essencial para o desenvolvimento da lucidez. Ao registrar seus sonhos, você se torna mais consciente da sua vida onírica, aumentando a probabilidade de reconhecer que está sonhando durante o próprio sonho. Além disso, o diário pode ser usado para registrar os testes de realidade que você realiza durante o dia, as técnicas de indução de sonhos lúcidos que você pratica e os resultados que obtém.

Mas como criar e manter um diário de sonhos eficiente? O primeiro passo é escolher um suporte que seja adequado para você. Pode ser um caderno físico, um arquivo digital no computador ou um aplicativo no celular. O importante é que seja algo prático e acessível, que você possa ter sempre à mão ao acordar.

Ao acordar, anote imediatamente tudo o que você se lembrar do sonho, mesmo que sejam apenas fragmentos, imagens soltas, sensações ou emoções. Não se preocupe com a gramática, a ortografia ou a coerência. O objetivo é capturar a essência do sonho antes que ele se desvaneça da memória. Use palavras-chave, frases curtas, desenhos ou qualquer outro recurso que ajude você a recordar o sonho posteriormente.

Além do conteúdo do sonho em si, anote também a data, a hora em que você acordou, o título que você daria ao sonho (se houver) e qualquer outro detalhe que possa ser relevante, como seu estado emocional antes de dormir, o que você comeu ou bebeu, se você usou alguma técnica de indução de sonhos lúcidos, etc.

Após anotar o sonho, reserve um tempo para reler e refletir sobre ele. Tente identificar os elementos mais marcantes, os símbolos, as emoções predominantes e as possíveis conexões com sua vida desperta. Pergunte-se: Qual o significado desse sonho para mim? O que ele revela sobre meus desejos, medos, preocupações ou conflitos internos?

Com o tempo, o diário de sonhos se tornará um mapa do seu mundo interior, um registro da sua evolução pessoal e um guia para a exploração do seu inconsciente. Ao cultivar o hábito de anotar e analisar seus sonhos, você estará investindo em seu autoconhecimento, desenvolvendo sua capacidade de ter sonhos lúcidos e abrindo um canal de comunicação direto com sua própria mente. O diário onírico é mais que um registro; é um diálogo contínuo com a parte mais profunda e misteriosa de você.

Capítulo 7
Testes de Realidade

A conquista da lucidez nos sonhos exige um treinamento constante da mente para diferenciar a vigília do estado onírico, e os testes de realidade são uma das estratégias mais eficazes para esse propósito. Esses testes funcionam como âncoras que reforçam a percepção consciente ao longo do dia e, com a prática contínua, acabam sendo reproduzidos também dentro dos sonhos. Quando isso acontece, há uma chance significativa de que o sonhador perceba a inconsistência do ambiente e se torne lúcido. O segredo para que esses testes sejam eficazes não está apenas na repetição mecânica, mas sim no comprometimento genuíno com a experiência. Questionar a própria realidade com atenção plena e verdadeira curiosidade é o que aumenta a probabilidade de reconhecer um sonho enquanto ele acontece.

A natureza dos sonhos permite que eventos absurdos sejam interpretados como normais, pois, nesse estado, a mente não aplica as mesmas regras rígidas que regem a vigília. Um teste de realidade bem executado deve, portanto, explorar essas falhas na lógica dos sonhos, criando situações em que a diferença entre os dois estados se torne evidente. Ao verificar um relógio, por exemplo, espera-se que a hora permaneça estável no mundo desperto, mas nos sonhos os números frequentemente mudam de forma errática. Da mesma forma, tentar atravessar um dedo pela palma da mão pode ser um teste revelador, pois no mundo físico isso é impossível, enquanto nos sonhos o corpo pode se comportar de maneira inesperada. A escolha dos testes deve ser baseada na facilidade de execução e na capacidade de inseri-los naturalmente na rotina diária, garantindo que se tornem um hábito inconsciente que se manifestará também nos sonhos.

Para maximizar a eficácia dos testes de realidade, é essencial combiná-los com a observação crítica do ambiente e a reflexão sobre as próprias experiências. Apenas realizar os testes de maneira automática não é suficiente; é preciso estar verdadeiramente presente no momento e considerar seriamente a possibilidade de estar sonhando. Além disso, o reforço do hábito pode ser potencializado com o uso do diário de sonhos, que ajuda a identificar padrões e elementos recorrentes que podem servir como gatilhos para a lucidez. Quanto mais integrada essa prática estiver ao dia a dia, maior será a probabilidade de que a mente a reproduza espontaneamente durante o estado onírico, abrindo as portas para um maior controle e exploração dos próprios sonhos.

A lógica por trás dos testes de realidade é que, no mundo dos sonhos, as leis da física e da lógica muitas vezes são distorcidas ou inexistentes. Portanto, um teste que funciona de uma determinada maneira no mundo desperto pode ter um resultado diferente ou inesperado em um sonho. Ao perceber essa diferença, você pode concluir que está sonhando e, assim, tornar-se lúcido.

Existem diversos testes de realidade que podem ser utilizados, e a eficácia de cada um pode variar de pessoa para pessoa. O importante é escolher alguns que sejam fáceis de lembrar e de realizar, e que se encaixem na sua rotina. Aqui estão alguns dos testes de realidade mais comuns e eficazes:

Verificar as horas: Olhe para um relógio digital ou analógico, observe a hora, desvie o olhar por alguns segundos e olhe novamente. No mundo desperto, a hora terá mudado de forma consistente. Em um sonho, os números podem mudar de forma aleatória, ficar borrados ou apresentar caracteres estranhos.

Ler um texto: Escolha um texto curto, como uma frase em um livro, um letreiro ou uma placa. Leia o texto, desvie o olhar por alguns segundos e leia novamente. No mundo desperto, o texto permanecerá o mesmo. Em um sonho, as letras podem mudar, as palavras podem se embaralhar ou o texto pode se transformar em algo completamente diferente.

Olhar para as mãos: Observe suas mãos com atenção, examine os detalhes, as linhas, as unhas. No mundo desperto, suas mãos terão uma aparência normal e consistente. Em um sonho, elas podem parecer estranhas, ter mais ou menos dedos do que o normal, mudar de forma ou apresentar outras anomalias.

Tentar respirar com o nariz tampado: Tampe o nariz com os dedos e tente respirar. No mundo desperto, isso será impossível. Em um sonho, você pode conseguir respirar normalmente, mesmo com o nariz tampado, o que indica que você está sonhando.

Pular e tentar voar: Dê um pequeno pulo e tente flutuar ou voar. No mundo desperto, você cairá de volta ao chão. Em um sonho, você pode conseguir flutuar, voar ou desafiar a gravidade de outras formas.

Olhar para um espelho: Observe seu reflexo em um espelho. No mundo desperto, seu reflexo será normal e consistente. Em um sonho, seu reflexo pode estar distorcido, diferente do habitual, ou até mesmo mostrar outra pessoa ou criatura.

Perguntar-se "Estou sonhando?": Faça essa pergunta a si mesmo várias vezes ao dia, com intenção genuína. No mundo desperto, a resposta será óbvia. Em um sonho, a pergunta pode desencadear a lucidez, especialmente se você já tiver o hábito de realizar os testes de realidade.

Empurrar o dedo na palma da mão: Pressione com força um dos seus dedos na palma da sua outra mão, no mundo desperto nada acontecerá. Em um sonho é possível que seu dedo atravesse sua mão.

Ao realizar os testes de realidade, é fundamental que você não os faça de forma automática ou mecânica. É preciso ter uma intenção genuína de verificar se você está acordado ou sonhando. Questione a realidade, observe os detalhes ao seu redor, esteja presente no momento.

A frequência com que você realiza os testes de realidade também é importante. O ideal é que você os faça várias vezes ao dia, em diferentes momentos e situações. Quanto mais você praticar, maior será a probabilidade de se lembrar de fazê-los durante um sonho.

Além de realizar os testes de realidade, é útil combiná-los com a prática da atenção plena (mindfulness) e com a leitura regular do seu diário de sonhos. A atenção plena ajuda a aumentar sua consciência do momento presente, o que facilita a percepção de sinais de que você está sonhando. A leitura do diário de sonhos, por sua vez, reforça sua memória onírica e ajuda a identificar padrões e temas recorrentes em seus sonhos, o que também pode aumentar a probabilidade de ter sonhos lúcidos.

Os testes de realidade são uma ferramenta simples, mas poderosa, para quem deseja desenvolver a capacidade de ter sonhos lúcidos. Ao incorporá-los à sua rotina diária, você estará treinando sua mente para questionar a realidade e a reconhecer os sinais de que está sonhando, abrindo caminho para a exploração consciente do mundo onírico.

Capítulo 8
Técnicas MILD

Após estabelecer uma base sólida com a prática do diário de sonhos e dos testes de realidade, é hora de mergulhar nas técnicas específicas para induzir sonhos lúcidos. Existem diversos métodos, cada um com suas particularidades e níveis de dificuldade, mas todos compartilham o objetivo comum de aumentar a probabilidade de se tornar consciente dentro de um sonho.

Técnica da Intenção (MILD Simplificada):

A técnica MILD (Mnemonic Induction of Lucid Dreams), desenvolvida por Stephen LaBerge, é uma das mais populares e eficazes. Embora a versão completa envolva passos mais elaborados a essência da técnica reside na intenção.

Passo 1: Antes de dormir, repita mentalmente uma frase que expresse sua intenção de ter um sonho lúcido. Por exemplo: "Esta noite, vou me lembrar de que estou sonhando" ou "Vou ter um sonho lúcido esta noite". Repita a frase várias vezes, com convicção e foco.

Passo 2: Visualize-se tornando-se lúcido em um sonho. Imagine-se realizando um teste de realidade e percebendo que está sonhando. Imagine a sensação de liberdade e controle que você terá ao se tornar lúcido.

Passo 3: Ao acordar de um sonho (mesmo que não seja lúcido), tente recordar o máximo de detalhes possível e anote-os em seu diário de sonhos. Em seguida, repita os passos 1 e 2 antes de voltar a dormir.

Técnica da Ancoragem:

Essa técnica envolve escolher um "sinal de realidade" ou "âncora" que você encontrará frequentemente durante o dia. Pode ser um objeto, uma ação, um som ou qualquer outra coisa que chame sua atenção.

Passo 1: Escolha sua âncora. Por exemplo, você pode escolher olhar para suas mãos, verificar a hora, ou ouvir o som de um pássaro cantando.

Passo 2: Sempre que se deparar com sua âncora durante o dia, realize um teste de realidade e questione-se se está sonhando. Faça isso com intenção genuína, observando os detalhes ao seu redor.

Passo 3: Antes de dormir, visualize-se encontrando sua âncora em um sonho e tornando-se lúcido.

Técnica da Reflexão:

Essa técnica é simples, mas poderosa. Consiste em cultivar o hábito de questionar a realidade ao longo do dia.

Passo 1: Várias vezes ao dia, pare por um momento e observe atentamente o ambiente ao seu redor. Preste atenção aos detalhes: cores, formas, sons, cheiros, texturas.

Passo 2: Questione-se: "Isso é real? Estou sonhando?". Não responda automaticamente. Observe os detalhes, procure por incongruências ou sinais de que algo está fora do lugar.

Passo 3: Realize um teste de realidade para confirmar se você está acordado ou sonhando.

Técnica da Auto-Sugestão:

A auto-sugestão é uma ferramenta poderosa para influenciar a mente subconsciente. Antes de dormir, repita afirmações positivas sobre sua capacidade de ter sonhos lúcidos.

Passo 1: Deite-se confortavelmente na cama, relaxe o corpo e a mente.

Passo 2: Repita mentalmente frases como: "Eu sou capaz de ter sonhos lúcidos", "Eu terei um sonho lúcido esta noite", "Eu me lembrarei dos meus sonhos", "Eu tenho controle sobre meus sonhos".

Passo 3: Repita as frases com convicção e visualize-se tendo um sonho lúcido.

É importante ressaltar que a consistência e a persistência são fundamentais para o sucesso dessas técnicas. Não desanime se você não tiver resultados imediatos. A prática regular, combinada com a manutenção do diário de sonhos e a realização dos testes de realidade, aumentará significativamente suas chances de ter sonhos lúcidos. Experimente as diferentes técnicas, descubra quais funcionam melhor para você e adapte-as às suas necessidades. A jornada para o domínio dos sonhos lúcidos é um processo gradual, mas recompensador.

A técnica MILD completa é geralmente realizada após acordar de um sonho, durante a noite ou pela manhã, aproveitando um período em que a mente está mais propensa a retornar ao sono REM (e, portanto, aos sonhos). No entanto, elementos da técnica podem ser praticados antes de dormir, como uma preparação.

Passo a passo da técnica MILD completa:

Despertar e Recordar: Ao acordar de um sonho (naturalmente ou com a ajuda de um despertador), tente recordar o máximo de detalhes possível. Anote tudo em seu diário de sonhos: o enredo, os personagens, as emoções, os cenários, os símbolos, tudo o que você conseguir lembrar.

Identificar Sinais de Sonho: Após anotar o sonho, releia o relato e tente identificar os "sinais de sonho", elementos que indicam que aquilo era um sonho e não a realidade. Esses sinais podem ser coisas impossíveis (como voar ou atravessar paredes), situações bizarras, pessoas que já morreram, lugares que não existem, emoções intensas e desproporcionais, ou qualquer outra coisa que fuja do comum.

Foco na Intenção: Afaste-se da cama e movimente seu corpo por uns instantes, isso ajudará a consolidar seu estado de vigília, sente ou se deite em sua cama em um estado relaxado, mas atento. Comece a repetir mentalmente uma frase que expresse sua intenção de reconhecer que está sonhando na próxima vez que tiver um sonho. Por exemplo: "Da próxima vez que eu estiver sonhando, vou me lembrar de que estou sonhando", "Quando eu vir um sinal de sonho, vou perceber que estou sonhando", "Vou ter um sonho lúcido hoje à noite". Repita a frase várias vezes, com convicção e foco, internalizando a intenção.

Visualização: Enquanto repete a frase, visualize-se voltando ao sonho do qual você acabou de acordar. Imagine-se revivendo o sonho, mas desta vez, ao se deparar com um dos sinais de sonho que você identificou, você percebe que está sonhando. Visualize-se realizando um teste de realidade (como olhar para as mãos ou tentar respirar com o nariz tampado) e confirmando que está em um sonho. Imagine a sensação de lucidez, a clareza mental, a liberdade de poder controlar o sonho.

Repetição: Repita os passos 3 e 4 (intenção e visualização) algumas vezes, até sentir que a intenção está firmemente gravada em sua mente. O objetivo é programar sua mente para reconhecer os sinais de sonho e se tornar lúcido.

Voltar a Dormir: Após completar os passos anteriores, volte a dormir com a intenção de ter um sonho lúcido. Mantenha a mente focada na ideia de se tornar consciente dentro do sonho.

A técnica MILD é mais eficaz quando realizada após algumas horas de sono, preferencialmente durante um despertar natural no meio da noite ou pela manhã, quando os períodos de sono REM são mais longos e frequentes. No entanto, você pode praticar a intenção e a visualização antes de dormir, como uma forma de preparação.

É importante ressaltar que a MILD, como qualquer outra técnica de indução de sonhos lúcidos, requer prática e persistência. Não desanime se você não tiver resultados imediatos. Continue praticando regularmente, combinando a MILD com a manutenção do diário de sonhos e a realização dos testes de realidade. Com o tempo, sua capacidade de ter sonhos lúcidos aumentará significativamente.

O método WILD (Wake-Initiated Lucid Dream), que se traduz como "Sonho Lúcido Iniciado na Vigília", é uma técnica avançada e desafiadora que permite entrar em um sonho lúcido diretamente do estado de vigília, sem perder a consciência. Ao contrário das técnicas que dependem do reconhecimento de que se está sonhando (DILD - Dream-Initiated Lucid Dream), o WILD envolve manter a consciência enquanto o corpo adormece e a mente transita para o estado onírico.

Essa técnica é considerada mais difícil do que a MILD ou outras técnicas básicas, pois exige um alto grau de relaxamento físico e mental, além de um bom controle da atenção. No entanto, quando dominada, o WILD pode proporcionar experiências lúcidas extremamente vívidas e intensas, já que o sonhador entra no sonho com plena consciência desde o início.

Passo a passo do método WILD:

Preparação: O WILD é geralmente mais eficaz quando realizado após algumas horas de sono, durante um despertar natural no meio da noite ou pela manhã. É importante estar em um ambiente tranquilo, silencioso e escuro, onde você não será interrompido. Deite-se em uma posição confortável, preferencialmente de costas, com os braços ao longo do corpo.

Relaxamento Profundo: Comece relaxando profundamente o corpo e a mente. Você pode utilizar técnicas de relaxamento progressivo, como contrair e relaxar cada grupo muscular do corpo, começando pelos dedos dos pés e subindo até a cabeça. Ou pode praticar a respiração diafragmática, inspirando lenta e profundamente pelo nariz, enchendo o abdômen de ar, e expirando lentamente pela boca. O objetivo é atingir um estado de relaxamento profundo, semelhante ao que precede o sono.

Foco na Atenção: Enquanto relaxa o corpo, mantenha a mente alerta e focada. Escolha um ponto de foco para sua atenção. Pode ser sua respiração, as sensações do seu corpo, um mantra (uma palavra ou frase repetida mentalmente), uma imagem mental, ou os sons do ambiente (se houver algum som suave e constante). O importante é manter a atenção focada nesse ponto, sem se deixar levar por pensamentos aleatórios ou distrações.

Imagens Hipnagógicas: À medida que você relaxa e mantém o foco, é provável que comece a experimentar as chamadas "imagens hipnagógicas". São imagens, sons, sensações ou pensamentos que surgem na mente na transição entre a vigília e o sono. Essas imagens podem ser fragmentadas, aleatórias, bizarras ou surreais. Observe-as passivamente, sem se envolver ou se deixar levar por elas. Mantenha-se como um observador, consciente de que essas imagens são um sinal de que você está se aproximando do estado de sonho.

Transição para o Sonho: Continue mantendo o foco na sua âncora (respiração, mantra, imagem, etc.) e observando as imagens hipnagógicas. Em algum momento, você pode sentir sensações estranhas, como formigamento, vibrações, zumbidos, sensação de flutuar ou de cair. Essas sensações são normais e indicam que seu corpo está adormecendo enquanto sua mente permanece consciente. Não se assuste nem tente controlar essas sensações. Apenas observe-as passivamente.

Entrada no Sonho: Se você conseguir manter a consciência durante todo esse processo, chegará um momento em que as imagens hipnagógicas se tornarão mais vívidas e coerentes, e você se sentirá "puxado" para dentro do sonho. Você pode se ver em um cenário onírico, encontrar personagens, ouvir sons e sentir sensações como se estivesse realmente lá. Nesse momento, você estará em um sonho lúcido, com plena consciência de que está sonhando.

Estabilização do Sonho: Ao entrar no sonho lúcido, é importante estabilizá-lo para evitar acordar prematuramente. Realize um teste de realidade (como olhar para as mãos ou tentar respirar com o nariz tampado) para confirmar que está sonhando. Em seguida, envolva seus sentidos no ambiente onírico: observe as cores, os detalhes, os sons, os cheiros, as texturas. Interaja com o ambiente, toque em objetos, fale com personagens. Isso ajudará a aprofundar e prolongar o sonho lúcido.

O método WILD exige prática e paciência. É comum que, nas primeiras tentativas, você adormeça sem conseguir manter a consciência, ou que acorde no meio do processo. Não desanime. Continue praticando regularmente, e com o tempo, você desenvolverá a habilidade de entrar em sonhos lúcidos diretamente do estado de vigília, desfrutando de experiências oníricas incrivelmente vívidas e controladas.

Capítulo 9
Técnica CAT

O aprimoramento da lucidez nos sonhos passa não apenas pela prática consciente, mas também pela compreensão e manipulação dos próprios ciclos do sono. A Técnica de Ajuste de Ciclo (CAT – Cycle Adjustment Technique) se baseia precisamente nesse princípio, utilizando o conhecimento sobre os ritmos naturais do sono para maximizar as chances de vivenciar sonhos lúcidos. Diferente de métodos de indução direta, como MILD ou WILD, a CAT atua na estruturação dos horários de sono e vigília, ajustando o despertar para momentos estratégicos em que o sono REM – fase associada aos sonhos mais vívidos – está em sua maior intensidade. Essa abordagem favorece a ocorrência da lucidez de forma mais espontânea, tornando o processo mais natural e menos dependente de tentativas forçadas de controle onírico.

A eficácia da CAT está na forma como ela reorganiza a rotina de sono, condicionando o cérebro a despertar em momentos propícios à recordação dos sonhos e ao aumento da consciência dentro deles. O princípio central da técnica reside na adaptação gradual dos horários de sono e no uso de interrupções estratégicas para influenciar a transição entre os ciclos.

Durante o período de aplicação da técnica, o corpo passa por um ajuste progressivo, desenvolvendo uma maior sensibilidade para o reconhecimento dos estados oníricos. Esse refinamento da percepção durante o sono resulta em uma elevação natural da frequência dos sonhos lúcidos, sem a necessidade de intervenções abruptas ou métodos que exijam grande esforço cognitivo antes de dormir.

A incorporação da CAT à rotina requer disciplina e observação atenta dos próprios padrões de sono. Como cada organismo responde de maneira única às mudanças no ritmo circadiano, é fundamental que o praticante faça ajustes personalizados ao longo do processo, identificando os horários mais eficazes para o despertar e os períodos ideais de vigília antes de retornar ao sono. Além disso, a CAT pode ser potencializada quando combinada com outras técnicas, como a prática da atenção plena ao longo do dia, a realização de testes de realidade e o registro contínuo no diário de sonhos. Esse conjunto de estratégias não apenas fortalece a memória onírica, mas também prepara a mente para reconhecer os sinais sutis que indicam a transição entre a vigília e o mundo dos sonhos, criando um ambiente propício para a lucidez onírica.

A CAT se baseia no fato de que o sono humano é composto por ciclos de aproximadamente 90 a 120 minutos, cada um passando por diferentes estágios, incluindo o sono REM (Rapid Eye Movement), que é a fase em que ocorrem os sonhos mais vívidos. Os períodos de sono REM tendem a se tornar mais longos e frequentes à medida que a noite avança. A técnica CAT busca aproveitar esses períodos de sono REM mais longos, aumentando a probabilidade de despertar durante um deles e, assim, ter mais chances de se lembrar dos sonhos e de induzir a lucidez.

Passo a passo da técnica CAT:

Determinar o Tempo de Sono Habitual: Durante uma semana, observe e registre o horário em que você normalmente vai dormir e o horário em que você acorda naturalmente, sem a ajuda de um despertador. Calcule a média de horas de sono por noite. Esse será seu tempo de sono habitual.

Ajustar o Horário de Dormir: Escolha um dia da semana (geralmente um dia de folga, como sábado ou domingo) para aplicar a técnica. Na noite anterior a esse dia, vá dormir 90 minutos *antes* do seu horário habitual. Por exemplo, se você normalmente dorme às 23h e acorda às 7h (8 horas de sono), vá dormir às 21h30.

Ajustar o Horário de Acordar: Configure o despertador para tocar *após* seu tempo de sono habitual, subtraído de 90 minutos. Seguindo o exemplo anterior, se seu tempo de sono habitual é de 8 horas, configure o despertador para 6h30 (8 horas - 90 minutos = 6h30). Ou seja, se habitualmente você acorda as 7:00 o despertador deve tocar as 5:30.

Manter-se Acordado: Ao acordar com o despertador, levante-se da cama e mantenha-se acordado por um período de 30 a 60 minutos. Durante esse tempo, você pode ler sobre sonhos lúcidos, praticar meditação, escrever em seu diário de sonhos ou realizar qualquer outra atividade relaxante que não envolva telas brilhantes (como celular, computador ou televisão).

Voltar a Dormir: Após o período de vigília, volte a dormir. É nesse período, após o ajuste do ciclo de sono, que você terá maior probabilidade de ter sonhos lúcidos, especialmente se combinar a CAT com outras técnicas, como a MILD ou a WILD.

Repetir o Processo: Repita esse processo por alguns dias seguidos, ou sempre que quiser aumentar suas chances de ter sonhos lúcidos.

A lógica por trás da CAT é que, ao acordar 90 minutos antes do seu horário habitual, você estará interrompendo um ciclo de sono em um momento em que o sono REM é mais provável. Ao se manter acordado por um curto período e depois voltar a dormir, você aumenta a probabilidade de entrar diretamente em um período de sono REM, o que favorece a ocorrência de sonhos lúcidos.

É importante ressaltar que a CAT, assim como outras técnicas, requer prática e adaptação. O ajuste do ciclo de sono pode ser um pouco desconfortável no início, mas com o tempo, seu corpo se acostumará. Observe como seu corpo reage à técnica e ajuste os tempos de acordo com suas necessidades. Algumas pessoas podem precisar de um período de vigília mais curto ou mais longo, ou de um ajuste de horário diferente.

A CAT é uma técnica complementar que pode ser usada em conjunto com outras técnicas de indução de sonhos lúcidos, potencializando seus efeitos. Ao otimizar seu ciclo de sono, você estará criando um terreno fértil para a exploração consciente do mundo onírico.

Capítulo 10
Técnica WBTB

A transição entre o estado de vigília e o sono pode ser estrategicamente utilizada para aumentar as chances de experimentar sonhos lúcidos, e a técnica Wake-Back-to-Bed (WBTB) é uma das mais eficazes nesse sentido. Fundamentada na compreensão dos ciclos naturais do sono, a WBTB aproveita a tendência do cérebro de entrar mais rapidamente no sono REM – fase em que os sonhos mais vívidos ocorrem – após um breve período de vigília. Essa abordagem cria um momento ideal para aplicar outras técnicas de indução da lucidez, como MILD ou WILD, potencializando sua eficácia. Mais do que uma simples interrupção do sono, a técnica requer planejamento e execução cuidadosa para garantir que o despertar temporário favoreça o retorno ao sono com maior consciência.

O sucesso da WBTB está diretamente ligado ao equilíbrio entre tempo de sono, vigília e relaxamento. Para aplicá-la corretamente, é necessário acordar em um momento estratégico da noite, geralmente após quatro a seis horas de descanso, período em que o ciclo REM se torna mais longo. Durante a vigília, que pode variar de 20 a 60 minutos dependendo da adaptação individual, atividades sutis, como a leitura sobre sonhos lúcidos, a revisão do diário de sonhos e a prática de testes de realidade, ajudam a reforçar a intenção de obter lucidez ao voltar a dormir. O cuidado em evitar estímulos excessivos, como exposição à luz azul de telas ou atividades muito estimulantes, é essencial para não comprometer o retorno ao sono e manter o estado mental adequado para a técnica funcionar de maneira eficaz.

Ao retornar à cama, a última fase da técnica consiste em manter o foco na intenção de se tornar lúcido durante o próximo sonho. Técnicas complementares, como a repetição de afirmações ou a visualização de cenários oníricos, ajudam a fortalecer esse objetivo. A prática consistente da WBTB não apenas aumenta a probabilidade de alcançar a lucidez, mas também aprimora a capacidade de lembrar e compreender os próprios sonhos. Combinada a outras estratégias, como o diário de sonhos e a atenção plena ao longo do dia, a técnica se torna uma ferramenta poderosa para explorar a mente durante o sono, permitindo uma experiência cada vez mais consciente e imersiva no universo onírico.

A WBTB se baseia no princípio de que os períodos de sono REM (Rapid Eye Movement), a fase do sono em que ocorrem os sonhos mais vívidos, se tornam mais longos e frequentes à medida que a noite avança. Ao acordar após algumas horas de sono, permanecer acordado por um curto período e depois voltar a dormir, você aumenta significativamente a probabilidade de entrar diretamente em um período de sono REM e, consequentemente, de ter um sonho lúcido.

Passo a passo da técnica WBTB:

Preparação: Antes de dormir, defina um despertador para tocar após aproximadamente 4 a 6 horas de sono. O tempo ideal pode variar de pessoa para pessoa, mas geralmente, acordar após 5 ou 6 horas de sono costuma ser mais eficaz, pois coincide com um período em que os ciclos de sono REM são mais longos.

Despertar: Ao acordar com o despertador, levante-se da cama. É importante sair da cama para garantir que você esteja realmente desperto e não volte a dormir imediatamente. Evite luzes fortes e telas brilhantes (celular, computador, televisão), pois elas podem interferir na produção de melatonina, o hormônio do sono, e dificultar o retorno ao sono.

Período de Vigília: Permaneça acordado por um período que pode variar de 20 a 60 minutos. O tempo ideal varia de pessoa para pessoa e pode ser ajustado com a prática. Durante esse tempo, dedique-se a atividades relaxantes e relacionadas a sonhos lúcidos. Algumas sugestões incluem:

Ler sobre sonhos lúcidos (livros, artigos, relatos).

Escrever em seu diário de sonhos, relembrando sonhos anteriores e identificando sinais de sonho.

Praticar meditação ou visualização, focando na intenção de ter um sonho lúcido.

Realizar testes de realidade.

Planejar o que você gostaria de fazer em seu próximo sonho lúcido.

Evite atividades estimulantes, como assistir televisão, jogar videogame ou usar o celular, pois elas podem dificultar o retorno ao sono e diminuir a eficácia da técnica.

Voltar a Dormir: Após o período de vigília, volte para a cama com a intenção de ter um sonho lúcido. Relaxe o corpo e a mente, e pratique a técnica de indução de sua preferência (MILD, WILD, ou outra). A WBTB aumenta significativamente a eficácia dessas técnicas, pois você estará retornando ao sono em um momento em que seu cérebro está mais propenso a entrar no sono REM.

Manter a Intenção: Enquanto adormece, mantenha o foco na sua intenção de se tornar lúcido. Visualize-se tendo um sonho lúcido, realizando testes de realidade e explorando o mundo onírico com consciência.

A WBTB é uma técnica simples, mas poderosa, que pode ser facilmente incorporada à sua rotina. No entanto, é importante ter alguns cuidados:

Não exagere no tempo de vigília: Se você permanecer acordado por muito tempo, pode ter dificuldade para voltar a dormir e se sentir cansado no dia seguinte.

Não se force a ficar acordado: Se você estiver com muito sono durante o período de vigília, é melhor voltar a dormir mais cedo.

Adapte a técnica às suas necessidades: O tempo de sono antes do despertar e o tempo de vigília podem ser ajustados de acordo com suas preferências e com a forma como seu corpo reage à técnica.

A WBTB é uma excelente ferramenta para quem deseja aumentar suas chances de ter sonhos lúcidos. Combinada com outras técnicas de indução e com a prática regular do diário de sonhos e dos testes de realidade, a WBTB pode abrir as portas para a exploração consciente do fascinante mundo dos sonhos.

Capítulo 11
Realidade Testada

A mente humana opera sob padrões previsíveis no estado desperto, mas no mundo dos sonhos, esses padrões podem se tornar fragmentados e inconsistentes. A diferença essencial entre a vigília e o estado onírico está na lógica subjacente à percepção da realidade. No cotidiano, confiamos em nossa memória e nos sentidos para validar o que nos cerca, sem questionar a veracidade do ambiente. No entanto, ao sonhar, esses elementos podem sofrer distorções sutis ou extremas, criando um cenário onde o improvável se torna corriqueiro. A fim de explorar essa diferença e utilizá-la para alcançar a lucidez nos sonhos, os testes de realidade surgem como uma ferramenta fundamental. Eles permitem que o praticante desenvolva um senso crítico contínuo sobre sua existência, rompendo com a aceitação automática da realidade e incentivando a investigação constante do ambiente. Com o tempo, esse hábito mental se solidifica, permitindo que a mesma atitude questionadora se manifeste nos sonhos, onde as inconsistências perceptivas se tornam evidentes e revelam a verdadeira natureza do estado onírico.

O processo de realização dos testes de realidade não se trata apenas de um ato mecânico, mas sim de uma prática que exige atenção plena e envolvimento cognitivo. A mente precisa ser treinada para reconhecer padrões e buscar anomalias que possam denunciar um sonho. No estado desperto, os fenômenos físicos obedecem a regras fixas e imutáveis: um interruptor de luz funciona de maneira consistente, a leitura de um texto mantém-se estável e a gravidade age de forma uniforme. Já no sonho, essas mesmas regras tornam-se maleáveis, permitindo que objetos mudem de forma, frases escritas se alterem ao serem relidas e a gravidade se comporte de maneira errática. Assim, cada teste de realidade deve ser executado com verdadeira intenção e um olhar crítico, evitando automatismos que comprometam sua eficácia. Somente ao incorporar uma dúvida genuína ao ato de questionar a realidade, o praticante conseguirá transportar essa prática para seus sonhos, aumentando significativamente suas chances de alcançar a lucidez.

A construção de um hábito eficaz depende da regularidade e da variedade dos testes de realidade. Incorporá-los a momentos rotineiros, como atravessar uma porta, verificar a hora ou olhar para as próprias mãos, cria gatilhos mentais que fortalecem a prática. No entanto, repetir sempre o mesmo teste pode levar a uma adaptação inconsciente, reduzindo seu impacto. Alternar entre diferentes métodos, testar novas abordagens e estar atento a momentos em que a realidade parece ligeiramente incoerente ajudam a manter a mente alerta. Quando essa prática se transfere para o mundo dos sonhos, os sinais de inconsistência tornam-se claros, permitindo que o indivíduo perceba a verdadeira natureza da experiência e tome controle do próprio sonho. O domínio dessa técnica, aliado a outras estratégias, como o diário de sonhos e a prática da atenção plena, forma a base para uma jornada cada vez mais profunda no universo dos sonhos lúcidos.

A eficácia dos testes de realidade reside na diferença entre o funcionamento do mundo desperto e do mundo onírico. Enquanto a realidade física segue leis consistentes e previsíveis, a realidade dos sonhos é fluida, mutável e muitas vezes ilógica. Um teste que funciona de uma determinada maneira no estado de vigília pode ter um resultado completamente diferente ou inesperado em um sonho, revelando sua natureza ilusória.

Uso Correto dos Testes de Realidade:

A chave para o sucesso dos testes de realidade não é a quantidade, mas sim a *qualidade* com que são realizados. Não basta executar as ações mecanicamente; é preciso ter uma intenção genuína de questionar a realidade, de estar presente no momento e de observar atentamente os resultados.

Ao realizar um teste de realidade, siga estes passos:

Intenção: Antes de realizar o teste, pare por um momento e questione-se sinceramente: "Estou sonhando?". Não responda automaticamente. Deixe a pergunta ecoar em sua mente.

Ação: Execute o teste de realidade escolhido (ver exemplos no Capítulo 6). Faça-o com atenção plena, observando cada detalhe do processo.

Observação: Observe cuidadosamente o resultado do teste. Ele corresponde ao que você esperaria no mundo desperto? Ou há algo estranho, ilógico ou impossível acontecendo?

Conclusão: Com base no resultado do teste, conclua se você está acordado ou sonhando. Mesmo que o resultado indique que você está acordado, reforce a intenção de se lembrar de realizar testes de realidade em seus sonhos.

Frequência Ideal dos Testes de Realidade:

Não existe um número mágico de vezes que você deva realizar testes de realidade por dia. O importante é que você os faça com regularidade e em diferentes momentos e situações. Uma boa meta inicial é realizar de 5 a 10 testes de realidade por dia, distribuídos ao longo do dia.

Algumas sugestões de momentos para realizar testes de realidade:

Ao acordar (antes mesmo de se levantar da cama).

Antes e depois das refeições.

Ao entrar e sair de um cômodo ou edifício.

Ao encontrar um amigo ou familiar.

Ao se deparar com algo incomum ou inesperado.

Ao realizar uma ação rotineira (como lavar as mãos, abrir uma porta, etc.).

Ao ler ou assistir algo relacionado a sonhos lúcidos.

Sempre que se lembrar.

Variação dos Testes de Realidade:

É recomendável variar os testes de realidade que você utiliza. Se você sempre usar o mesmo teste, pode acabar automatizando a ação e perdendo a intenção genuína de questionar a realidade. Alterne entre os diferentes testes (ver Capítulo 6), escolha aqueles que funcionam melhor para você e adicione novos testes à sua prática.

Testes de Realidade e Sonhos Lúcidos:

Com a prática consistente, os testes de realidade se tornarão um hábito arraigado em sua mente. Esse hábito se transferirá para seus sonhos, e você começará a realizar os testes espontaneamente durante o sono. Ao perceber a inconsistência do resultado no mundo onírico, você terá um insight: "Estou sonhando!". Esse é o momento da lucidez.

Lembre-se que os testes de realidade são apenas uma ferramenta. Eles não garantem a lucidez, mas aumentam significativamente as chances de alcançá-la. Combine a prática dos testes de realidade com a manutenção do diário de sonhos, a prática de técnicas de indução (MILD, WILD, WBTB) e o cultivo da atenção plena (mindfulness) para obter os melhores resultados.

Capítulo 12
Meditação Onírica

A mente humana opera em um fluxo constante de pensamentos, emoções e estímulos sensoriais, criando um estado de distração que muitas vezes obscurece a percepção consciente. No entanto, ao longo da história, diversas tradições espirituais e filosóficas descobriram que a meditação pode atuar como uma ponte entre a vigília e o mundo dos sonhos, permitindo um estado ampliado de consciência que transcende as barreiras da percepção ordinária. Quando aplicada à prática dos sonhos lúcidos, a meditação não apenas facilita o reconhecimento da experiência onírica, mas também fortalece a estabilidade e o controle do sonhador dentro desse universo fluido. Através do cultivo da atenção plena, da regulação emocional e do fortalecimento da memória, essa prática milenar se torna um instrumento valioso para quem busca aprofundar sua exploração no mundo dos sonhos.

Ao treinar a mente para permanecer presente no momento, a meditação reduz a dispersão mental e promove uma consciência mais aguçada da realidade, um elemento crucial para o desenvolvimento da lucidez onírica. O hábito de observar os pensamentos sem se deixar levar por eles se transfere naturalmente para os sonhos, tornando mais fácil reconhecer sinais de inconsistência no ambiente onírico. Além disso, a meditação fortalece a capacidade de manter a calma diante de estímulos inesperados, reduzindo a probabilidade de um despertar abrupto causado pela excitação excessiva ao perceber que se está sonhando. Essa estabilidade emocional também permite que o sonhador interaja com o cenário do sonho de maneira mais controlada, prolongando a experiência e explorando suas possibilidades de forma mais consciente.

Outro benefício essencial da meditação na prática dos sonhos lúcidos está na sua influência sobre a memória. Ao reduzir a turbulência mental e melhorar a capacidade de retenção de informações, a meditação auxilia na recordação dos sonhos e na identificação de padrões recorrentes, fatores fundamentais para quem deseja alcançar a lucidez com maior frequência. Essa melhora na memória, aliada ao desenvolvimento da atenção plena, fortalece a conexão entre o estado desperto e o mundo dos sonhos, permitindo que o praticante estabeleça uma continuidade entre as duas realidades. Ao integrar a meditação com outras técnicas de indução, como os testes de realidade e a escrita no diário de sonhos, é possível criar um alicerce sólido para experiências oníricas mais lúcidas, estáveis e enriquecedoras.

A meditação, em suas diversas formas, envolve o treinamento da atenção e o desenvolvimento da consciência plena do momento presente (mindfulness). Essa prática regular acalma a mente, reduz o fluxo de pensamentos aleatórios e aumenta a capacidade de concentração e foco. Esses benefícios se estendem para o mundo dos sonhos, facilitando o reconhecimento da lucidez e o controle da experiência onírica.

Como a meditação auxilia na lucidez:

Aumento da Consciência: A meditação, especialmente a prática da atenção plena (mindfulness), cultiva a capacidade de observar os próprios pensamentos, emoções e sensações sem julgamento ou apego. Essa consciência aumentada se transfere para o estado de sonho, tornando mais fácil perceber os sinais de que se está sonhando e, consequentemente, alcançar a lucidez.

Redução da Reatividade: A meditação ajuda a reduzir a reatividade emocional, ou seja, a tendência de reagir automaticamente a estímulos internos ou externos. No contexto dos sonhos, isso significa que o sonhador tem menos probabilidade de se deixar levar por emoções intensas ou por eventos bizarros, o que poderia dificultar o reconhecimento da lucidez.

Melhora da Memória: A prática regular de meditação tem sido associada a melhorias na memória, tanto na memória de trabalho (a capacidade de reter informações por curtos períodos) quanto na memória de longo prazo. Uma memória mais aguçada facilita a recordação dos sonhos, o que é fundamental para o desenvolvimento da lucidez e para a análise dos padrões oníricos no diário de sonhos.

Maior Clareza Mental: A meditação promove um estado de clareza mental, reduzindo a "névoa mental" e o fluxo incessante de pensamentos. Essa clareza facilita a percepção dos detalhes do ambiente onírico e o reconhecimento de incongruências que podem indicar que se está sonhando.

Como a meditação auxilia na estabilidade onírica:

Controle da Atenção: A meditação treina a capacidade de direcionar e sustentar a atenção em um objeto específico (como a respiração, um mantra ou uma imagem mental). Esse controle da atenção é crucial para manter a lucidez em um sonho, evitando que o sonhador se distraia com estímulos oníricos ou que perca a consciência e volte a um sonho comum.

Equanimidade Emocional: A meditação cultiva a equanimidade, a capacidade de manter a calma e a serenidade diante de emoções intensas ou situações desafiadoras. Nos sonhos lúcidos, a equanimidade ajuda a evitar a excitação excessiva, que pode levar ao despertar prematuro, e a lidar com emoções negativas, como o medo, que podem desestabilizar o sonho.

Presença no Momento: A prática da atenção plena (mindfulness) ancora a consciência no momento presente, reduzindo a tendência da mente de divagar ou de se preocupar com o futuro. Essa presença no momento é essencial para manter a lucidez em um sonho, permitindo que o sonhador aproveite plenamente a experiência e explore o ambiente onírico com consciência.

Prática da Meditação Onírica:

Não existe uma forma única de "meditação onírica". Você pode adaptar as técnicas de meditação tradicionais para o contexto dos sonhos lúcidos. Algumas sugestões:

Meditação da Atenção Plena (Mindfulness): Antes de dormir, pratique a meditação da atenção plena, focando na sua respiração, nas sensações do seu corpo ou nos sons do ambiente. Visualize-se tornando-se lúcido em um sonho.

Meditação da Visualização: Visualize-se em um sonho lúcido, realizando testes de realidade, explorando o ambiente onírico e interagindo com os personagens.

Meditação com Mantras: Repita mentalmente um mantra relacionado a sonhos lúcidos, como "Estou sonhando" ou "Estou consciente".

Meditação Guiada: Utilize áudios de meditação guiada com foco em sonhos lúcidos.

A meditação é uma prática complementar às técnicas de indução de sonhos lúcidos e aos testes de realidade. Ao cultivar a consciência, a atenção, a equanimidade e a clareza mental, a meditação fortalece a base para a exploração consciente do mundo dos sonhos, tornando a jornada onírica mais rica, profunda e transformadora.

Capítulo 13
Ambiente Ideal

A qualidade do sono não depende apenas do tempo que passamos dormindo, mas também das condições que cercam esse estado essencial para o equilíbrio mental e físico. O ambiente onde dormimos desempenha um papel fundamental na profundidade do descanso e na ocorrência de experiências oníricas vívidas. A criação de um espaço adequado para o sono pode influenciar diretamente a capacidade de alcançar sonhos lúcidos, uma vez que fatores externos, como iluminação, temperatura e ruído, afetam a transição entre os estágios do sono e a duração do período REM, no qual os sonhos se tornam mais intensos e claros. Um ambiente otimizado não só favorece o relaxamento profundo necessário para atingir estados de lucidez, mas também reduz interferências que podem fragmentar o sono ou limitar a capacidade de recordar os sonhos ao despertar.

Além do aspecto físico do ambiente, a preparação mental antes de dormir também exerce influência na qualidade da experiência onírica. Elementos visuais e simbólicos podem servir como gatilhos para o subconsciente, ajudando a reforçar a intenção de alcançar a lucidez durante os sonhos. A presença de objetos significativos no quarto, como um diário de sonhos acessível, imagens inspiradoras ou símbolos relacionados ao universo onírico, pode fortalecer a conexão entre a realidade desperta e a experiência do sonho. A prática de técnicas de relaxamento antes de dormir, como meditação ou exercícios de respiração profunda, contribui para a indução de um estado de serenidade mental, facilitando a imersão no mundo dos sonhos de maneira mais consciente.

Outro aspecto essencial na criação do ambiente ideal para sonhos lúcidos é a consistência dos hábitos de sono. Estabelecer uma rotina regular, indo para a cama e acordando em horários semelhantes diariamente, permite que o corpo se ajuste naturalmente aos ciclos de sono, maximizando o tempo dedicado ao sono REM. Estratégias como a técnica Wake-Back-to-Bed (WBTB) exploram o momento em que os sonhos são mais longos e frequentes, aumentando a chance de lucidez. Ajustes nos hábitos noturnos, como evitar luz azul antes de dormir, reduzir estímulos estressantes e manter uma alimentação leve no período noturno, também podem otimizar a transição para o sono profundo e, consequentemente, para experiências oníricas mais nítidas e controláveis. Ao alinhar o ambiente externo com uma preparação mental adequada e uma rotina consistente, cria-se um cenário propício para explorar o potencial máximo dos sonhos lúcidos.

Configuração do Ambiente:

O quarto onde você dorme é seu santuário do sono, o portal para o mundo dos sonhos. Portanto, é importante que ele seja um ambiente que promova o relaxamento, a tranquilidade e a segurança, condições essenciais para a indução de sonhos lúcidos.

Escuridão: A escuridão é fundamental para a produção de melatonina, o hormônio do sono, que regula o ciclo sono-vigília. Certifique-se de que seu quarto esteja o mais escuro possível. Use cortinas blackout, vede frestas de luz, cubra ou desligue aparelhos eletrônicos que emitam luz (como LEDs de stand-by). Se necessário, use uma máscara de dormir.

Silêncio: O silêncio é igualmente importante para um sono reparador e para a indução de sonhos lúcidos. Ruídos externos podem perturbar o sono, dificultar a concentração e até mesmo impedir a ocorrência de sonhos lúcidos. Se você mora em um local barulhento, considere usar protetores auriculares ou um gerador de ruído branco (um som constante e monótono que mascara outros ruídos).

Temperatura: A temperatura ideal do quarto para dormir varia de pessoa para pessoa, mas geralmente, um ambiente ligeiramente fresco (entre 18°C e 22°C) é mais propício ao sono do que um ambiente quente. Ajuste a temperatura do seu quarto de acordo com suas preferências, mas evite extremos de calor ou frio.

Conforto: O conforto é essencial para um sono de qualidade. Invista em um colchão, travesseiros e roupas de cama que sejam confortáveis e adequados às suas necessidades. Certifique-se de que seu quarto esteja limpo, organizado e livre de distrações.

Segurança: Sentir-se seguro em seu ambiente de sono é crucial para relaxar e se entregar ao mundo dos sonhos. Certifique-se de que as portas e janelas estejam trancadas, e se você se sentir mais seguro, pode deixar uma luz noturna fraca acesa.

Estímulos oníricos: Embora a escuridão e o silêncio sejam importantes. Você pode usar estímulos que te lembrem dos sonhos. Um filtro dos sonhos ou outro objeto que te recorde essa intenção.

Horários Ideais:

O horário de sono também desempenha um papel importante na indução de sonhos lúcidos. Como mencionado anteriormente, os períodos de sono REM, quando ocorrem os sonhos mais vívidos, tendem a se tornar mais longos e frequentes à medida que a noite avança.

Ciclo de Sono Regular: Manter um ciclo de sono regular, indo dormir e acordando nos mesmos horários todos os dias (inclusive nos finais de semana), ajuda a regular o relógio biológico e a otimizar os ciclos de sono REM.

Técnicas WBTB e CAT: As técnicas Wake-Back-to-Bed (WBTB) e Cycle Adjustment Technique (CAT) (detalhadas em capítulos anteriores) exploram justamente os horários em que os períodos de sono REM são mais longos. Ao acordar após algumas horas de sono e voltar a dormir, você aumenta a probabilidade de entrar diretamente em um período de sono REM.

Sonecas: Sonecas curtas (de 20 a 30 minutos) durante o dia podem aumentar a probabilidade de ter sonhos lúcidos, especialmente se você praticar a técnica MILD (Mnemonic Induction of Lucid Dreams) antes de tirar a soneca.

Evitar Álcool e Cafeína: Evite o consumo de álcool e cafeína antes de dormir. Essas substâncias podem interferir na qualidade do sono, reduzir a duração dos períodos de sono REM e dificultar a ocorrência de sonhos lúcidos.

Embora não exista um "horário mágico" para ter sonhos lúcidos, a combinação de um ambiente propício ao sono e a otimização dos horários de sono, com foco nos períodos de sono REM mais longos, pode aumentar significativamente suas chances de sucesso. Lembre-se de que cada pessoa é diferente, e o que funciona melhor para uma pessoa pode não funcionar para outra. Experimente diferentes configurações de ambiente e horários de sono, observe como seu corpo reage e adapte as estratégias às suas necessidades.

Capítulo 14
Diário Onírico

A mente humana processa uma infinidade de informações diariamente, e os sonhos são uma manifestação desse vasto fluxo de experiências, emoções e pensamentos. No entanto, a natureza fugaz dos sonhos faz com que, muitas vezes, se dissipem rapidamente ao despertar, restando apenas fragmentos vagos e desconexos. Para quem busca compreender melhor o próprio mundo onírico e desenvolver a habilidade de ter sonhos lúcidos, a prática do diário de sonhos se torna uma ferramenta essencial. Mais do que um simples registro, ele funciona como um instrumento de autoconhecimento, permitindo a identificação de padrões recorrentes, símbolos significativos e emoções predominantes. Através da escrita, o sonhador fortalece sua memória onírica e estabelece uma ponte entre o estado desperto e o universo dos sonhos, criando um ciclo contínuo de aprendizado e exploração.

A eficácia do diário de sonhos está diretamente relacionada à forma como os registros são feitos. Não basta apenas anotar um resumo vago ou generalizado; é fundamental capturar os detalhes sensoriais, as emoções vivenciadas e qualquer elemento que pareça peculiar ou marcante. Quanto mais rica e detalhada for a descrição, maior será a capacidade de relembrar os sonhos e reconhecer padrões ao longo do tempo. Além disso, a prática regular da escrita estimula o cérebro a dar maior importância às experiências oníricas, aumentando a frequência e a nitidez dos sonhos lembrados. Essa abordagem estruturada permite que o sonhador se familiarize com elementos que surgem frequentemente em seus sonhos, facilitando o reconhecimento dos chamados "sinais de sonho" – pistas que indicam que se está sonhando e que podem ser usadas para alcançar a lucidez.

Outro aspecto crucial do diário de sonhos é sua função analítica. Ao reler e comparar registros ao longo do tempo, torna-se possível identificar tendências, arquétipos e temas que refletem aspectos do inconsciente. Os sonhos podem conter mensagens simbólicas, representar desafios internos ou até mesmo oferecer soluções criativas para problemas da vida desperta. Com o tempo, padrões emergem, revelando dinâmicas emocionais e cognitivas que podem ser trabalhadas conscientemente. Para aqueles que desejam aprimorar suas habilidades em sonhos lúcidos, a análise sistemática dos registros permite uma maior compreensão dos próprios gatilhos oníricos e das condições ideais para a manifestação da lucidez. Dessa forma, o diário de sonhos se torna mais do que um simples caderno de anotações: ele se transforma em um mapa pessoal do universo onírico, guiando o sonhador por uma jornada de autoconhecimento e descoberta.

Técnicas de Anotação:

Imediatismo: Anote seus sonhos *imediatamente* ao acordar, mesmo que seja no meio da noite. A memória dos sonhos é extremamente frágil e se desvanece rapidamente. Tenha seu diário (caderno, aplicativo ou gravador) sempre à mão, ao lado da cama.

Detalhes Sensoriais: Não se limite a descrever o enredo do sonho. Capture todos os detalhes sensoriais que você conseguir lembrar:

Visuais: Cores, formas, objetos, pessoas, cenários, luzes, sombras.

Auditivos: Sons, músicas, vozes, ruídos.

Táteis: Texturas, temperaturas, sensações físicas.

Olfativos: Cheiros, aromas, odores.

Gustativos: Sabores, gostos.

Emoções: As emoções são uma parte fundamental da experiência onírica. Anote as emoções que você sentiu durante o sonho, mesmo que elas pareçam desconexas ou contraditórias. Use palavras precisas para descrever suas emoções (por exemplo, em vez de "feliz", use "eufórico", "alegre", "sereno").

Pensamentos e Diálogos: Anote os pensamentos que você teve durante o sonho, os diálogos que ocorreram (mesmo que sejam fragmentados ou sem sentido) e qualquer insight ou ideia que tenha surgido.

Título e Data: Dê um título ao sonho, que resuma sua essência ou destaque um elemento importante. Anote a data e a hora em que você acordou.

Símbolos e Metáforas: Preste atenção aos símbolos e metáforas que aparecem em seus sonhos. Eles podem ter significados pessoais ou arquetípicos (veja o Capítulo 5 sobre a Psicologia dos Sonhos).

Anote suas impressões e associações sobre esses símbolos.

Desenhos e Diagramas: Se você tiver dificuldade para descrever algo visualmente, faça um desenho, um diagrama ou um esquema. Não se preocupe com a qualidade artística; o objetivo é capturar a essência da imagem.

Fragmentos: Mesmo que você se lembre apenas de fragmentos do sonho, anote-os. Pequenos detalhes podem desencadear a memória de outros elementos do sonho.

Sonhos recorrentes: Caso tenha sonhos que se repitam com frequência, preste ainda mais atenção, pois podem indicar questões importantes.

Técnicas de Análise:

Releitura Regular: Releia seu diário de sonhos regularmente, de preferência semanalmente ou mensalmente. Isso ajudará você a identificar padrões, temas recorrentes, símbolos significativos e a acompanhar sua evolução na prática dos sonhos lúcidos.

Identificação de Padrões: Procure por padrões em seus sonhos:

Temas recorrentes: Quais são os temas que aparecem com mais frequência em seus sonhos (por exemplo, voar, cair, ser perseguido, perder os dentes)?

Personagens recorrentes: Há personagens que aparecem repetidamente em seus sonhos? Quem são eles? O que eles representam para você?

Emoções predominantes: Quais são as emoções que você sente com mais frequência em seus sonhos?

Cenários recorrentes: Há lugares que você visita repetidamente em seus sonhos?

Conexões com a Vida Desperta: Tente fazer conexões entre seus sonhos e sua vida desperta. Seus sonhos refletem suas preocupações, desejos, medos, conflitos internos ou experiências recentes?

Interpretação de Símbolos: Pesquise o significado de símbolos que aparecem em seus sonhos, tanto em dicionários de símbolos quanto em fontes de psicologia junguiana. Lembre-se, no entanto, que o significado dos símbolos é altamente pessoal e pode variar de pessoa para pessoa.

Perguntas-chave: Faça perguntas a si mesmo sobre seus sonhos:

Qual o significado desse sonho para mim?

O que esse sonho me ensina sobre mim mesmo?

Como posso aplicar os insights desse sonho à minha vida?

Esse sonho me dá alguma pista sobre como ter sonhos lúcidos?

Sinais de Sonho: Identifique os "sinais de sonho" que são mais comuns em seus sonhos. Esses sinais são elementos que indicam que você está sonhando (por exemplo, coisas impossíveis, pessoas que já morreram, situações bizarras). Ao se familiarizar com seus sinais de sonho, você aumentará a probabilidade de reconhecê-los durante um sonho e, assim, tornar-se lúcido.

O diário de sonhos, quando utilizado de forma consistente e com as técnicas adequadas de anotação e análise, se torna um mapa do seu mundo interior, um guia para a exploração do seu inconsciente e um poderoso aliado na jornada para a maestria dos sonhos lúcidos.

Capítulo 15
Ciclos Ajustados

O sono humano segue um ritmo natural, regulado pelo ciclo circadiano, que determina os momentos de vigília e descanso ao longo de um período de 24 horas. No entanto, dentro desse ciclo maior, existem subdivisões chamadas ciclos de sono, cada um com cerca de 90 a 120 minutos, compostos por diferentes fases. Para quem busca aprimorar a prática dos sonhos lúcidos, compreender e ajustar esses ciclos se torna uma estratégia poderosa. Embora técnicas diretas de indução possam ser eficazes, a manipulação do padrão de sono permite criar condições favoráveis para a lucidez, aumentando o tempo gasto no sono REM e melhorando a recordação dos sonhos. Ao alinhar os horários de sono com a biologia natural do corpo, é possível intensificar a clareza e a estabilidade das experiências oníricas, facilitando o despertar da consciência dentro do sonho.

Cada fase do sono desempenha um papel específico no funcionamento do cérebro e do corpo. Os primeiros estágios do ciclo envolvem o relaxamento progressivo e a desaceleração das funções corporais, preparando o organismo para o repouso profundo. Durante o sono de ondas lentas, ocorre a regeneração celular e a consolidação da memória, fundamentais para a saúde física e mental. No entanto, é na fase REM que os sonhos mais vívidos acontecem, caracterizados por intensa atividade cerebral e rápida movimentação dos olhos. À medida que a noite avança, os períodos de sono REM se tornam mais longos e frequentes, o que significa que as últimas horas do descanso noturno são as mais propícias para a ocorrência de sonhos lúcidos. Compreender essa dinâmica permite ajustar os horários de sono estrategicamente, maximizando a exposição ao REM e ampliando as chances de atingir a consciência dentro dos sonhos.

Ajustar o ciclo de sono envolve mais do que simplesmente dormir mais ou menos horas; trata-se de sincronizar o descanso com as fases ideais para a lucidez onírica. Técnicas como a Wake-Back-to-Bed (WBTB), que consiste em acordar após algumas horas de sono e voltar a dormir no período de maior ocorrência do REM, podem potencializar significativamente os resultados. Outras abordagens incluem manter uma regularidade estrita no horário de dormir e despertar, realizar sonecas estratégicas e até mesmo experimentar padrões de sono polifásico, que fragmentam o descanso em múltiplos períodos ao longo do dia. No entanto, qualquer ajuste no ciclo de sono deve ser feito com cautela, garantindo que a qualidade do descanso não seja comprometida. O equilíbrio entre disciplina e escuta do próprio corpo é essencial para transformar a manipulação do ciclo de sono em uma ferramenta eficaz para a exploração consciente do mundo onírico.

Como já mencionado em capítulos anteriores, o sono humano é composto por ciclos de aproximadamente 90 a 120 minutos, cada um passando por diferentes estágios, incluindo o sono REM (Rapid Eye Movement), a fase em que ocorrem os sonhos mais vívidos e memoráveis. Os períodos de sono REM tendem a se tornar mais longos e frequentes à medida que a noite avança. O ajuste do ciclo de sono busca aproveitar esses períodos de sono REM mais longos, aumentando a probabilidade de despertar durante um deles ou logo após, facilitando a recordação dos sonhos e a indução da lucidez.

Compreendendo o Ciclo de Sono:

Antes de ajustar seu ciclo de sono, é importante entender como ele funciona. Um ciclo de sono típico consiste em:

Estágio 1 (Sono Leve): Transição entre a vigília e o sono. A atividade cerebral diminui, e é fácil acordar.

Estágio 2 (Sono Leve): A atividade cerebral diminui ainda mais, a temperatura corporal cai e o ritmo cardíaco desacelera.

Estágios 3 e 4 (Sono Profundo): Sono de ondas lentas, essencial para a recuperação física e a consolidação da memória. É difícil acordar durante esses estágios.

Sono REM (Rapid Eye Movement): A atividade cerebral se assemelha à da vigília, os olhos se movem rapidamente sob as pálpebras, e ocorrem os sonhos mais vívidos. O tônus muscular é baixo (paralisia do sono), o que impede que o corpo atue os sonhos.

Estratégias de Ajuste do Ciclo de Sono:

Existem diferentes abordagens para ajustar o ciclo de sono com o objetivo de facilitar sonhos lúcidos. Algumas das mais comuns incluem:

Técnica CAT (Cycle Adjustment Technique): Já detalhada no Capítulo 9, essa técnica envolve ajustar o horário de dormir e acordar em um dia específico para interromper um ciclo de sono em um momento em que o sono REM é mais provável.

Técnica WBTB (Wake-Back-to-Bed): Detalhada no Capítulo 10, essa técnica envolve acordar após algumas horas de sono, permanecer acordado por um curto período e depois voltar a dormir, aumentando a probabilidade de entrar diretamente em um período de sono REM.

Sono Polifásico (Avançado): O sono polifásico envolve dividir o sono em vários períodos curtos ao longo do dia, em vez de dormir um único bloco de 7 a 8 horas. Existem diferentes padrões de sono polifásico, alguns dos quais visam maximizar o tempo de sono REM. Essa é uma abordagem avançada e exige adaptação cuidadosa, pois pode ter efeitos colaterais se não for implementada corretamente. *Não é recomendado iniciar o sono polifásico sem acompanhamento.*

Regularidade do Sono: Manter um horário de sono regular, indo dormir e acordando nos mesmos horários todos os dias, ajuda a sincronizar o relógio biológico e a otimizar os ciclos de sono REM. A regularidade do sono, por si só, pode aumentar a probabilidade de ter sonhos lúcidos.

Sonecas Estratégicas: Uma soneca de 20 a no máximo 90 minutos em horários estratégicos pode ajudar, experimente após 6 ou 7 horas depois de acordar e perceba os resultados.

Considerações Importantes:

Individualidade: O ciclo de sono e a resposta às técnicas de ajuste variam de pessoa para pessoa. É importante experimentar diferentes abordagens e ajustar os horários de acordo com suas necessidades e com a forma como seu corpo reage.

Saúde do Sono: O ajuste do ciclo de sono não deve comprometer a qualidade geral do sono. Certifique-se de que você está dormindo o suficiente e de que seu sono é reparador. A privação crônica de sono pode ter efeitos negativos na saúde física e mental, além de prejudicar a capacidade de ter sonhos lúcidos.

Combinação com Outras Técnicas: O ajuste do ciclo de sono é mais eficaz quando combinado com outras técnicas de indução de sonhos lúcidos, como a MILD, a WILD, os testes de realidade e a manutenção do diário de sonhos.

Paciência e Persistência: O ajuste do ciclo de sono requer tempo e prática. Não desanime se você não obtiver resultados imediatos. Continue experimentando e ajustando a técnica até encontrar o que funciona melhor para você.

Ao compreender e manipular seu ciclo de sono, você estará criando um ambiente interno mais propício para a ocorrência de sonhos lúcidos, abrindo caminho para a exploração consciente do seu mundo onírico.

Capítulo 16
Sonhos Persistentes

Sonhos recorrentes não são meras repetições aleatórias da mente, mas sim mensagens insistentes do inconsciente, sinalizando que há algo que exige atenção e compreensão. Eles emergem de camadas profundas da psique, refletindo temas que permanecem inexplorados ou conflitos internos que ainda não foram resolvidos. Diferente dos sonhos comuns, que podem surgir e desaparecer sem continuidade, os sonhos recorrentes insistem em retornar, muitas vezes trazendo consigo os mesmos cenários, personagens ou emoções. Esse padrão de repetição sugere que há um significado subjacente, um chamado para que a consciência desperte para questões latentes e, possivelmente, transformadoras. Quando uma imagem ou narrativa se repete ao longo dos anos, ela se torna um elemento simbólico poderoso, carregando consigo um enigma que precisa ser decifrado. Assim, esses sonhos são como ecos do inconsciente, reverberando até que a mente desperta se disponha a escutá-los com atenção.

A psicologia analítica, desenvolvida por Carl Jung, sugere que os sonhos recorrentes são expressões diretas do inconsciente coletivo e pessoal. Para Jung, eles funcionam como um mecanismo de compensação psíquica, trazendo à tona aspectos negligenciados da personalidade ou apontando para conteúdos reprimidos que buscam integração. Essa recorrência pode estar associada a traumas não resolvidos, medos profundos, desejos que foram suprimidos ou, ainda, a fases de transição na vida. Por exemplo, uma pessoa que frequentemente sonha que está sendo perseguida pode estar lidando com uma sensação de ameaça em sua vida desperta, mesmo que não tenha plena consciência disso. Da mesma forma, sonhos de queda podem simbolizar a perda de controle sobre alguma área da vida, enquanto sonhos de casas em ruínas podem refletir a necessidade de reconstrução emocional. A chave para compreender esses sonhos está na observação atenta de seus detalhes e na disposição para explorar suas mensagens simbólicas.

    Trabalhar com sonhos recorrentes não apenas aprofunda a compreensão sobre si mesmo, mas também abre caminhos para transformações significativas. O primeiro passo para decifrá-los é o reconhecimento de seus padrões e a análise de seus elementos centrais. Manter um diário de sonhos é uma ferramenta valiosa, pois permite identificar recorrências e traçar conexões entre os eventos oníricos e a realidade desperta. Além disso, técnicas como a incubação de sonhos, que consiste em focar intencionalmente em um tema antes de dormir, podem ser úteis para direcionar a consciência a interagir de maneira mais ativa com esses sonhos. Outra estratégia eficaz é a prática da lucidez onírica, que possibilita ao sonhador reconhecer que está sonhando enquanto o sonho ocorre, permitindo, assim, uma interação consciente com os elementos do sonho recorrente. Ao encarar esses sonhos como oportunidades de autoconhecimento, e não como meros distúrbios do sono, é possível transformar suas mensagens em instrumentos de crescimento pessoal, tornando o inconsciente um aliado na jornada da individuação.

A psicologia, em particular a abordagem junguiana, interpreta os sonhos recorrentes como tentativas do inconsciente de chamar a atenção para questões não resolvidas, conflitos internos, traumas, medos, desejos reprimidos ou aspectos da personalidade que precisam ser integrados. Esses sonhos funcionam como um "alarme" psíquico, sinalizando que algo importante está sendo negligenciado ou precisa de atenção.

Identificação de Sonhos Recorrentes:

A identificação de sonhos recorrentes é facilitada pela prática regular do diário de sonhos. Ao reler suas anotações ao longo do tempo, você começará a perceber padrões e temas que se repetem. Preste atenção a:

Temas Centrais: Qual é o tema central do sonho? É sobre perseguição, queda, perda, voo, exames, nudez pública, encontrar um tesouro, ou outro tema?

Personagens: Quem são os personagens que aparecem repetidamente em seus sonhos? São pessoas conhecidas, desconhecidas, figuras arquetípicas (como o Velho Sábio, a Criança, a Sombra)?

Cenários: O sonho se passa em um lugar específico que se repete? É um lugar conhecido ou desconhecido? Como é esse lugar?

Emoções: Quais são as emoções predominantes no sonho? Medo, ansiedade, tristeza, alegria, raiva, culpa?

Símbolos: Há símbolos que se repetem em seus sonhos? Objetos, animais, cores, números?

Desfecho: O sonho geralmente termina da mesma maneira? Há um padrão no desfecho?

Uso dos Sonhos Recorrentes para Atingir a Lucidez:

Os sonhos recorrentes podem ser uma porta de entrada privilegiada para a lucidez. Como o tema ou o cenário do sonho já é familiar, a probabilidade de reconhecê-lo durante o sono é maior. Aqui estão algumas estratégias para usar sonhos recorrentes para induzir sonhos lúcidos:

Reconhecimento do Padrão: Ao identificar um sonho recorrente, torne-se consciente do padrão. Reflita sobre o tema, os personagens, os cenários, as emoções e os símbolos envolvidos. Quanto mais você conhecer seu sonho recorrente, mais fácil será reconhecê-lo quando ele ocorrer novamente.

Teste de Realidade Específico: Desenvolva um teste de realidade específico para seu sonho recorrente. Por exemplo, se você sonha frequentemente que está caindo, combine de, sempre que sentir a sensação de queda, realizar um teste de realidade (como tentar respirar com o nariz tampado ou olhar para as mãos).

Intenção Pré-Sono (MILD): Antes de dormir, pratique a técnica MILD (Mnemonic Induction of Lucid Dreams), focando especificamente no seu sonho recorrente. Repita mentalmente uma frase como: "Da próxima vez que eu sonhar que estou caindo, vou perceber que estou sonhando". Visualize-se reconhecendo o sonho recorrente e tornando-se lúcido.

Incubação de Sonhos: A incubação de sonhos é uma técnica que envolve focar intensamente em uma pergunta ou problema antes de dormir, na esperança de que o sonho traga uma resposta ou solução. Você pode usar a incubação de sonhos para pedir ao seu inconsciente que lhe mostre o significado do seu sonho recorrente ou que o ajude a se tornar lúcido dentro dele.

Reescrita do Sonho: Uma técnica poderosa é reescrever seu sonho recorrente em seu diário, mas desta vez, alterando o desfecho. Imagine-se tornando-se lúcido no sonho e mudando o curso dos eventos de forma positiva. Essa técnica ajuda a reprogramar sua mente e a criar uma nova resposta ao sonho recorrente.

Diálogo onírico: Ao se tornar lúcido dentro do sonho recorrente, você pode não somente mudar seu curso, mas interagir com os elementos e questionar a razão para que eles aconteçam.

Ao trabalhar ativamente com seus sonhos recorrentes, você não apenas aumenta suas chances de ter sonhos lúcidos, mas também abre um canal de comunicação direto com seu inconsciente, o que pode levar a insights profundos e transformações pessoais. O sonho recorrente, que antes era um "alarme" incômodo, pode se tornar um portal para o autoconhecimento e a exploração consciente do mundo onírico.

Capítulo 17
Indução Rápida

Induzir um sonho lúcido de maneira rápida exige técnicas que aproveitem o delicado equilíbrio entre a vigília e o sono. A transição entre esses estados é um momento estratégico, no qual a mente ainda não está completamente desperta, mas mantém um nível suficiente de consciência para reconhecer e influenciar a experiência onírica. Entre as diversas abordagens para alcançar essa condição, métodos que envolvem estímulos sutis ao corpo e à mente se mostram altamente eficazes, pois permitem que o sonhador deslize diretamente para um sonho lúcido sem interromper o ciclo natural do sono. Ao contrário das técnicas que dependem de longos períodos de preparação ou repetição de sugestões mentais ao longo do dia, abordagens rápidas concentram-se na execução precisa de pequenos gestos ou intenções no momento certo, favorecendo resultados imediatos. Assim, explorar métodos como a indução rápida da lucidez representa um caminho acessível para quem deseja experimentar a consciência onírica sem longos treinamentos ou complexas práticas meditativas.

Entre as técnicas mais eficientes nesse contexto, destaca-se a FILD (Finger-Induced Lucid Dream), uma abordagem que utiliza movimentos mínimos dos dedos para manter a mente alerta enquanto o corpo relaxa e adormece. Esse método se beneficia do estado de sonolência natural que ocorre ao acordar durante a noite ou pela manhã, quando a atividade mental ainda não retomou completamente seu ritmo diurno. A chave do sucesso está na sutil interação entre foco e relaxamento: a execução repetitiva de um pequeno movimento impede que a mente mergulhe no sono profundo de forma inconsciente, ao mesmo tempo em que não gera estímulos excessivos que possam despertar completamente o praticante. Essa estratégia se baseia no princípio de que a consciência pode ser mantida ativa através de ações mecânicas leves, permitindo que o sonhador entre diretamente no estado onírico enquanto preserva sua percepção lúcida. Como resultado, a FILD possibilita uma transição fluida para o sonho lúcido, eliminando a necessidade de longos processos de indução e facilitando a entrada em um universo de infinitas possibilidades.

A eficácia da indução rápida também depende da preparação adequada e da adaptação do método às características individuais do praticante. Alguns fatores, como o nível de cansaço, o horário em que a técnica é aplicada e a disposição mental para reconhecer os sinais do sonho, influenciam diretamente os resultados. Para potencializar o efeito da FILD e de outras abordagens similares, é recomendável combiná-las com hábitos que aumentem a familiaridade com os estados oníricos, como a prática de testes de realidade ao longo do dia e o registro detalhado dos sonhos em um diário. Além disso, a repetição consciente da intenção de ter um sonho lúcido antes de dormir pode fortalecer a conexão entre a mente desperta e o mundo dos sonhos, tornando mais provável o reconhecimento do estado onírico quando ele se manifestar. Com paciência e dedicação, a indução rápida pode se tornar uma ferramenta poderosa para quem busca explorar o potencial da lucidez onírica, proporcionando experiências cada vez mais vívidas e controladas no universo dos sonhos.

A técnica é geralmente realizada após acordar de um sono (seja durante a noite ou pela manhã), aproveitando um estado em que a mente ainda está sonolenta e mais receptiva à sugestão. A FILD pode ser usada sozinha ou em combinação com a técnica WBTB (Wake-Back-to-Bed), potencializando seus efeitos.

Passo a passo da técnica FILD:

Despertar: Ao acordar de um sonho (naturalmente ou com a ajuda de um despertador), evite se mover bruscamente ou abrir os olhos completamente. Mantenha-se o mais relaxado possível, na mesma posição em que acordou. O ideal é que você esteja em um estado de sonolência, mas consciente.

Movimento dos Dedos: Sem fazer nenhum outro movimento, comece a mover levemente os dedos indicador e médio de uma das mãos, como se estivesse tocando piano em uma superfície. O movimento deve ser muito sutil, quase imperceptível, exigindo o mínimo de esforço físico. Imagine que você está pressionando as teclas de um piano muito levemente, alternando entre os dois dedos.

Foco na Ação: Concentre toda sua atenção no movimento dos dedos. Sinta a sensação do movimento, a leve pressão dos dedos, o ritmo da alternância. Evite pensar em outras coisas ou se deixar levar por devaneios. O foco na ação é crucial para o sucesso da técnica.

Intenção: Enquanto realiza o movimento dos dedos, mantenha em mente a intenção de se tornar lúcido. Repita mentalmente uma frase como: "Estou prestes a ter um sonho lúcido", "Vou perceber que estou sonhando", ou simplesmente "Sonho lúcido".

Teste de Realidade: Após cerca de 20 a 30 segundos realizando o movimento dos dedos, pare e realize um teste de realidade. O teste mais comum e eficaz nesse contexto é tentar respirar com o nariz tampado. Se você conseguir respirar normalmente, mesmo com o nariz tampado, é um sinal claro de que você está sonhando.

Lucidez: Se o teste de realidade indicar que você está sonhando, parabéns, você está lúcido! Explore o ambiente onírico, interaja com os personagens, realize seus desejos. Se o teste de realidade indicar que você ainda está acordado, volte a realizar o movimento dos dedos (passo 2) e repita o processo.

Dicas e Considerações:

Sutileza: O movimento dos dedos deve ser extremamente sutil. Não é necessário fazer força ou mover os dedos de forma exagerada. O objetivo é manter a mente minimamente engajada, evitando que ela adormeça completamente ou que desperte totalmente.

Paciência: A FILD pode não funcionar na primeira tentativa. Continue praticando, e com o tempo, você aumentará suas chances de sucesso.

Combinação com WBTB: A FILD é particularmente eficaz quando combinada com a técnica WBTB (Wake-Back-to-Bed). Ao acordar após algumas horas de sono, permanecer acordado por um curto período e depois voltar a dormir praticando a FILD, você estará maximizando suas chances de ter um sonho lúcido.

Estado Mental: O estado mental ideal para a FILD é um estado de sonolência relaxada. Se você estiver muito alerta ou muito cansado, a técnica pode não funcionar.

Adaptação: Algumas pessoas relatam sucesso com a FILD adaptando o movimento dos dedos. Por exemplo, em vez de tocar piano, você pode tentar tamborilar levemente os dedos em uma superfície, ou simplesmente imaginar o movimento dos dedos, sem realizá-lo fisicamente.

A FILD é uma técnica poderosa e acessível, que pode abrir as portas para o mundo dos sonhos lúcidos de forma rápida e eficiente. Com prática e persistência, você poderá usar essa técnica para induzir a lucidez sob demanda, explorando o potencial ilimitado da sua mente onírica.

Capítulo 18
Despertar Consciente

Despertar dentro do próprio sonho, tomando consciência de que se está sonhando, é uma experiência transformadora que amplia as fronteiras da realidade percebida. Esse momento de lucidez onírica permite que o sonhador explore um universo maleável, onde as leis físicas podem ser dobradas e os desejos mais profundos podem ser vivenciados sem restrições. No entanto, alcançar essa consciência não é suficiente para garantir uma experiência prolongada. O entusiasmo gerado pelo reconhecimento do estado onírico pode ser tão intenso que, paradoxalmente, leva ao despertar abrupto. O cérebro, ao detectar a excitação excessiva, pode interpretar esse estado como um sinal para retornar à vigília, encerrando o sonho de maneira prematura. Assim, a verdadeira maestria do sonho lúcido não reside apenas em sua indução, mas também na capacidade de estabilizá-lo, prolongá-lo e explorá-lo com domínio consciente. Para isso, é essencial desenvolver estratégias que fortaleçam a permanência no ambiente onírico, garantindo que a experiência se desenrole de forma fluida e controlada.

Uma das maneiras mais eficazes de manter a lucidez dentro do sonho é a ancoragem sensorial, um processo que envolve engajar ativamente os sentidos para fortalecer a imersão na experiência. Quando o sonhador foca em detalhes específicos do cenário onírico, como a textura dos objetos, os sons do ambiente ou até mesmo os aromas e sabores presentes no sonho, a mente se ancora na experiência e reduz as chances de um despertar repentino. Essa técnica funciona porque reforça a construção do espaço onírico, impedindo que ele se dissipe devido à falta de atenção consciente. Além disso, movimentos corporais sutis dentro do sonho, como esfregar as mãos ou girar lentamente sobre o próprio eixo, ajudam a reafirmar a presença dentro do estado onírico, criando um ponto de referência estável para a consciência. Esse tipo de interação com o ambiente onírico não apenas prolonga a experiência, mas também fortalece a sensação de controle sobre o sonho, permitindo que o sonhador o manipule de forma mais eficaz.

    Outro aspecto fundamental para sustentar a lucidez onírica é a regulação emocional. O sonho lúcido pode gerar uma grande excitação, seja pela alegria de perceber a liberdade que ele proporciona ou pelo fascínio diante da riqueza dos detalhes e possibilidades. No entanto, se essa empolgação não for controlada, pode desencadear um pico emocional que leva ao despertar. Técnicas como a respiração profunda, a repetição de afirmações tranquilizadoras e o direcionamento deliberado da atenção para elementos calmos do sonho ajudam a manter a estabilidade. Além disso, caso a lucidez comece a se desvanecer, métodos como fixar o olhar em um objeto específico, reafirmar verbalmente que se está sonhando ou até mesmo realizar um novo teste de realidade podem restaurar a clareza da experiência. Com prática e paciência, é possível prolongar os sonhos lúcidos e explorar sua vastidão com maior profundidade, transformando cada experiência onírica em uma jornada rica e reveladora.

Portanto, tão importante quanto aprender a induzir sonhos lúcidos é aprender a *manter* a lucidez após o "despertar" dentro do sonho. Existem diversas técnicas e estratégias que podem ajudar a estabilizar o sonho lúcido, prolongar sua duração e evitar o despertar precoce.

Ancoragem Sensorial:

Assim que perceber que está sonhando, a primeira coisa a fazer é "ancorar" sua consciência no ambiente onírico. Isso significa envolver seus sentidos na experiência, prestando atenção aos detalhes sensoriais do sonho:

Visão: Olhe ao seu redor com atenção. Observe as cores, as formas, os objetos, as pessoas, os cenários. Fixe seu olhar em um detalhe específico, como a textura de uma parede, o padrão de um tecido, o rosto de um personagem.

Tato: Toque em algo no sonho. Sinta a textura, a temperatura, a consistência do objeto. Pode ser a grama sob seus pés, a casca de uma árvore, a roupa que você está vestindo.

Audição: Preste atenção aos sons do sonho. Ouça as vozes, a música, os ruídos do ambiente.

Olfato: Sinta os cheiros do sonho. Há algum aroma específico no ar?

Paladar: Se houver comida ou bebida no sonho, experimente. Sinta o sabor, a textura.

Essa ancoragem sensorial ajuda a estabilizar o sonho lúcido, aprofundando sua imersão na experiência e fortalecendo sua consciência.

Rotação Corporal:

Uma técnica simples, mas eficaz, para manter a lucidez é girar o corpo no sonho. Assim que perceber que está sonhando, comece a girar lentamente em torno do seu próprio eixo, como se estivesse rodopiando. Esse movimento, além de ser divertido, ajuda a estabilizar o sonho e a evitar o despertar. Acredita-se que a rotação estimula o sistema vestibular (responsável pelo equilíbrio), o que, por sua vez, fortalece a consciência durante o sono REM.

Afirmações Positivas:

Repita mentalmente frases que reforcem sua lucidez e sua intenção de permanecer no sonho. Por exemplo: "Estou sonhando e vou continuar sonhando", "Este sonho é estável e duradouro", "Tenho controle total sobre este sonho". As afirmações positivas ajudam a manter o foco e a confiança, evitando que a dúvida ou o medo levem ao despertar.

Interação com o Ambiente:

Interaja ativamente com o ambiente onírico. Converse com os personagens, explore os cenários, manipule objetos, realize ações. Quanto mais você se envolver com o sonho, mais estável ele se tornará.

Evitar Excitação Excessiva:

Embora a lucidez seja emocionante, é importante controlar a excitação. A euforia excessiva pode levar ao despertar prematuro. Mantenha a calma, respire fundo e concentre-se em explorar o sonho de forma consciente e deliberada.

Retorno à Lucidez:

Se você sentir que está perdendo a lucidez, ou que o sonho está se desfazendo, tente realizar um teste de realidade (como olhar para as mãos ou tentar respirar com o nariz tampado). Isso pode ajudar a "reacender" a consciência. Outra técnica é voltar a se concentrar em um detalhe sensorial do sonho, como a textura de um objeto ou o som de uma voz.

A manutenção da lucidez em um sonho é uma habilidade que se desenvolve com a prática. Ao combinar essas técnicas e estratégias, você estará fortalecendo sua capacidade de permanecer consciente dentro do sonho, prolongando a duração da experiência e aproveitando ao máximo o potencial ilimitado do mundo onírico.

Capítulo 19
Viagens Astrais

A sensação de se desprender do corpo físico e explorar realidades além do mundo material é uma das experiências mais intrigantes e enigmáticas da consciência humana. A projeção astral, frequentemente descrita como uma separação da consciência do corpo físico, tem sido relatada por inúmeras culturas ao longo da história, sempre cercada de mistério e fascínio. Muitos dos que vivenciam esse fenômeno falam sobre a percepção de flutuar acima do próprio corpo, viajar por diferentes dimensões ou acessar informações que parecem transcender a experiência comum dos sonhos. Apesar da falta de comprovação científica, os relatos de projeção astral possuem uma consistência notável, sugerindo que essa experiência pode estar ligada a estados expandidos de percepção. Essa jornada extracorpórea é frequentemente associada a práticas espirituais, tradições esotéricas e até mesmo pesquisas sobre a natureza da consciência, sendo vista por alguns como um vislumbre de uma realidade além da física.

Embora a projeção astral e os sonhos lúcidos sejam frequentemente discutidos separadamente, há uma interseção notável entre esses dois estados alterados de consciência. Ambos envolvem uma forma de despertar dentro da experiência subjetiva e podem ser induzidos por técnicas semelhantes. Nos sonhos lúcidos, o sonhador toma consciência de que está em um sonho e pode interagir ativamente com o ambiente onírico, moldando-o de acordo com sua vontade. Já na projeção astral, há uma percepção mais profunda de deslocamento, como se a consciência estivesse operando fora dos limites do corpo físico. Alguns praticantes relatam transitar de um estado para o outro de maneira espontânea, sugerindo que a fronteira entre esses fenômenos pode ser mais fluida do que se imagina. A ideia de que a projeção astral seria um tipo específico de sonho lúcido – mais vívido e com uma forte sensação de separação corporal – ganha força entre aqueles que estudam a experiência a partir de uma perspectiva psicológica e neurocientífica.

Independentemente da interpretação, a exploração desses estados alterados pode trazer benefícios significativos para o autoconhecimento e a expansão da percepção da realidade. Muitas pessoas que praticam a projeção astral ou os sonhos lúcidos relatam um aumento na intuição, uma compreensão mais profunda de si mesmas e até mesmo uma diminuição do medo da morte, devido à sensação de que a consciência pode existir além do corpo físico. Técnicas como a visualização antes do sono, a prática da atenção plena e o uso de afirmações mentais podem ajudar a induzir esses estados e aprofundar a experiência. Seja encarada como uma manifestação da mente ou como uma verdadeira jornada extracorpórea, a projeção astral continua a despertar a curiosidade e o interesse de quem busca explorar os limites da consciência e acessar realidades que vão além do tangível.

Existe um debate sobre a relação entre sonhos lúcidos e projeção astral. Alguns acreditam que os dois fenômenos são essencialmente a mesma coisa, diferenciando-se apenas na interpretação subjetiva da experiência. Outros defendem que são fenômenos distintos, embora possam ocorrer em sequência ou se sobrepor.

Diferenças e Semelhanças:

Sonhos Lúcidos: Em um sonho lúcido, a pessoa tem consciência de que está sonhando e pode controlar o ambiente onírico e suas ações dentro dele. A experiência ocorre dentro da mente do sonhador, em um mundo criado pela sua própria consciência.

Projeção Astral: Na projeção astral, a pessoa tem a sensação de que sua consciência se separou do corpo físico e está viajando em um ambiente que parece ser independente da sua mente, seja ele o mundo físico (visto de uma perspectiva diferente) ou outros planos de existência.

Conexões:

A principal conexão entre sonhos lúcidos e projeção astral é que ambos envolvem um estado alterado de consciência, em que a pessoa tem acesso a experiências que transcendem a realidade física ordinária. Muitas técnicas utilizadas para induzir sonhos lúcidos, como a WILD (Wake-Initiated Lucid Dream) e a WBTB (Wake-Back-to-Bed), também são utilizadas para tentar induzir a projeção astral.

Algumas pessoas relatam que, durante um sonho lúcido, tiveram a sensação de se separar do corpo e entrar em um estado de projeção astral. Outras relatam que, ao tentar induzir a projeção astral, acabaram entrando em um sonho lúcido. Isso sugere que os dois fenômenos podem estar interligados e que a fronteira entre eles pode ser tênue.

Teorias:

Existem várias teorias que tentam explicar a relação entre sonhos lúcidos e projeção astral:

Sonho Lúcido como Projeção Astral: Alguns acreditam que toda projeção astral é, na verdade, um sonho lúcido particularmente vívido e intenso, em que a pessoa tem a forte sensação de estar fora do corpo. Essa sensação seria uma ilusão criada pela mente, mas a experiência em si seria um sonho lúcido.

Projeção Astral como um Tipo de Sonho Lúcido: Outros defendem que a projeção astral é um tipo específico de sonho lúcido, em que a consciência se projeta para fora do corpo, mas ainda dentro de um ambiente onírico. Essa projeção seria uma construção mental, mas com características distintas dos sonhos lúcidos comuns.

Fenômenos Distintos: Há quem acredite que sonhos lúcidos e projeção astral são fenômenos completamente distintos, com mecanismos e naturezas diferentes. A projeção astral envolveria uma separação real da consciência do corpo físico, enquanto o sonho lúcido seria uma experiência puramente mental.

Continuum de Experiências: Uma teoria mais integrativa sugere que sonhos lúcidos e projeção astral podem ser vistos como parte de um continuum de experiências fora do corpo. Em um extremo, teríamos os sonhos comuns, sem consciência. No outro extremo, teríamos a projeção astral "clássica", com a sensação de separação total do corpo e exploração de outros planos de existência. No meio, teríamos diferentes graus de lucidez e diferentes tipos de experiências fora do corpo, com características que se sobrepõem.

Exploração Pessoal:

Independentemente das teorias e debates, o mais importante é a exploração pessoal. Se você tem interesse em projeção astral, pode usar as técnicas de indução de sonhos lúcidos como ponto de partida. Durante um sonho lúcido, você pode tentar se separar do seu corpo onírico, visualizar-se flutuando para fora do corpo ou usar outras técnicas específicas para induzir a projeção astral.

É importante manter uma mente aberta, registrar suas experiências em um diário (seja de sonhos ou de projeções astrais) e pesquisar sobre o assunto, buscando diferentes perspectivas e relatos. A experiência de cada pessoa é única, e o que funciona para um pode não funcionar para outro. O mais importante é explorar seu próprio potencial e descobrir o que funciona melhor para você. Lembre-se de que, seja qual for a natureza da experiência, ela pode ser uma fonte valiosa de autoconhecimento e crescimento pessoal.

Capítulo 20
Estabilização Onírica

Manter a lucidez dentro de um sonho é um desafio que exige equilíbrio entre controle e imersão, presença e desapego. A excitação ao perceber que se está sonhando pode ser intensa, levando ao despertar abrupto ou à perda gradual da consciência onírica. Para evitar que a experiência seja interrompida precocemente, é essencial adotar técnicas que estabilizem o sonho e prolonguem sua duração. Esse processo envolve a ancoragem da percepção no ambiente onírico, a regulação emocional e a utilização de estímulos sensoriais para reforçar a conexão entre a mente e o sonho. Assim como um equilibrista precisa ajustar constantemente seu corpo para se manter sobre uma corda, o sonhador lúcido deve empregar estratégias ativas para sustentar sua presença dentro do estado onírico e aproveitar plenamente essa experiência única.

Uma das formas mais eficazes de fortalecer a estabilidade do sonho é intensificar o envolvimento sensorial. Observar os detalhes do cenário, tocar superfícies variadas, ouvir os sons ao redor e até mesmo experimentar sabores e aromas são maneiras de tornar o sonho mais vívido e prolongado. O tato, em especial, desempenha um papel fundamental: esfregar as mãos, sentir a textura de objetos ou caminhar descalço pelo ambiente onírico são ações que reforçam a permanência dentro do sonho. Além disso, focar a atenção em pequenos detalhes, como os padrões em uma parede ou as linhas da palma da mão, ajuda a manter a clareza da experiência. Esse tipo de ancoragem sensorial funciona porque mantém a mente engajada no sonho, reduzindo a tendência de oscilação entre o estado onírico e o despertar. Quanto mais imersivo for o sonho, menor será a chance de ele se desfazer repentinamente.

Outro aspecto crucial para estabilizar a experiência é a regulação emocional. O entusiasmo excessivo pode ser tão prejudicial quanto a dúvida ou o medo de despertar. Para evitar esse desequilíbrio, é importante manter uma postura de calma e aceitação, lembrando-se de que o sonho é um espaço maleável e que, mesmo que termine, novas oportunidades de lucidez surgirão. A repetição de afirmações positivas dentro do sonho, como "Este sonho é estável" ou "Estou presente e consciente", pode reforçar a permanência no estado onírico. Além disso, técnicas como girar lentamente sobre o próprio eixo, mudar o foco para uma nova cena ou até mesmo imaginar um "ponto de fuga" seguro dentro do sonho podem ajudar a recuperar a clareza quando a experiência começa a se desvanecer. Com prática e experimentação, é possível desenvolver um repertório pessoal de estratégias que garantam não apenas a estabilização do sonho, mas também sua exploração mais profunda e enriquecedora.

A estabilização onírica é o conjunto de técnicas e estratégias utilizadas para fortalecer a lucidez, aprofundar a imersão no sonho e prolongar sua duração. Essas técnicas visam ancorar a consciência no ambiente onírico, reduzir a excitação excessiva e evitar a perda de foco, permitindo que o sonhador aproveite ao máximo a experiência.

Passos para a Estabilização Onírica:

Ancoragem Sensorial (Revisão): Conforme detalhado no Capítulo 17, a ancoragem sensorial é a primeira e mais importante técnica de estabilização. Assim que perceber que está sonhando, envolva seus sentidos na experiência:

Olhe: Observe os detalhes do ambiente onírico, fixe seu olhar em objetos, cores, formas.

Toque: Toque em objetos, sinta a textura, a temperatura, a consistência.

Ouça: Preste atenção aos sons do sonho, às vozes, à música.

Cheire: Sinta os aromas do sonho, se houver.

Saboreie: Experimente comidas ou bebidas, se disponíveis.

Essa imersão sensorial fortalece a conexão com o sonho e estabiliza a lucidez.

Rotação Corporal (Revisão): Também mencionada no Capítulo 17, a rotação corporal é outra técnica simples e eficaz. Gire lentamente em torno do seu próprio eixo dentro do sonho. Esse movimento estimula o sistema vestibular e ajuda a manter a lucidez.

Afirmações Positivas (Revisão): Repita mentalmente frases que reforcem sua lucidez e sua intenção de permanecer no sonho. Por exemplo: "Estou sonhando e vou continuar sonhando", "Este sonho é estável e vívido", "Tenho controle total sobre este sonho".

Interação com o Ambiente (Revisão): Interaja ativamente com o sonho. Converse com os personagens, explore os cenários, manipule objetos, realize ações. Quanto mais você se envolver com o sonho, mais estável ele se tornará.

Fricção das Mãos: Esfregue as mãos vigorosamente dentro do sonho. Essa ação simples, além de envolver o tato, gera uma sensação de calor e energia que ajuda a estabilizar o sonho.

Atenção aos Detalhes: Concentre-se em um detalhe específico do sonho, como a textura de uma parede, o padrão de um tecido, o rosto de um personagem, ou as linhas da sua mão. Observe esse detalhe com atenção plena, examinando cada minúcia. Essa técnica ajuda a aprofundar a imersão no sonho e a fortalecer a lucidez.

Lembrar-se da Intenção: Ao longo do sonho lúcido, lembre-se periodicamente de sua intenção original. Por que você queria ter um sonho lúcido? O que você queria fazer ou experimentar? Essa lembrança ajuda a manter o foco e a evitar a perda de lucidez.

Evitar Fechar os Olhos: Evite fechar os olhos por longos períodos dentro do sonho. Isso pode levar ao despertar ou à perda da lucidez. Se precisar piscar, faça-o rapidamente.

Técnica do "Ponto de Fuga": Quando sentir que o sonho está perdendo nitidez, imagine que existe um local seguro, um "ponto de fuga". Use sua intencionalidade e desloque-se até lá. Isso irá recarregar a estabilidade de seu sonho.

Não se preocupe em despertar: O medo e a ansiedade de perder a lucidez frequentemente é causa da perda da mesma. Aceite que é um sonho, e mesmo que acorde, você poderá voltar a sonhar lucidamente.

A estabilização onírica é uma habilidade que se desenvolve com a prática. Experimente diferentes técnicas, combine-as e descubra o que funciona melhor para você. Com o tempo, você se tornará mais proficiente em manter a lucidez e em prolongar seus sonhos lúcidos, abrindo caminho para experiências oníricas cada vez mais ricas, profundas e transformadoras.

Capítulo 21
Controlando Emoções

A vivência de um sonho lúcido proporciona um cenário imersivo onde as emoções emergem com intensidade singular, tornando-se tanto fonte de fascínio quanto de desafio. Ao se dar conta de que está sonhando, a mente desperta para possibilidades ilimitadas: a liberdade de voar, atravessar paredes, alterar paisagens ou interagir com figuras oníricas. No entanto, essa mesma tomada de consciência pode desencadear reações emocionais que comprometem a estabilidade do sonho. A surpresa da lucidez, a euforia do domínio sobre o ambiente e até mesmo o medo do desconhecido podem gerar oscilações que desestabilizam a experiência. O coração acelera, a respiração se altera, e a mente, ao se deixar levar pela excitação ou pelo receio, pode inadvertidamente provocar o despertar abrupto ou a perda gradual da lucidez. Assim, compreender e gerenciar as próprias emoções dentro do sonho torna-se essencial para prolongar e aprofundar essa jornada única.

O equilíbrio emocional dentro do sonho lúcido não se trata de suprimir sentimentos, mas de desenvolver uma relação consciente com eles. Emoções intensas, positivas ou negativas, carregam energia suficiente para modificar o estado onírico, muitas vezes interferindo na continuidade da experiência. Se a euforia se torna excessiva, o cérebro se aproxima do estado de vigília, desfazendo a imersão no sonho. Se o medo domina, a experiência pode se transformar em um pesadelo ou resultar em um despertar involuntário. Por outro lado, ao aprender a reconhecer e acolher essas emoções sem ser arrastado por elas, o sonhador desenvolve a capacidade de estabilizar sua presença no universo onírico. O controle emocional não significa a eliminação da espontaneidade, mas sim a criação de um ponto de equilíbrio onde a excitação não se torna um empecilho e o medo não limita a exploração.

A construção desse controle passa por práticas que envolvem tanto a mente quanto o corpo. Estratégias como a respiração consciente, a ancoragem sensorial e a repetição de afirmações positivas permitem modular a intensidade emocional e manter a clareza dentro do sonho. Técnicas de distanciamento e transformação emocional ajudam a ressignificar sentimentos que poderiam interromper a experiência, permitindo ao sonhador manter-se presente e consciente. Com o tempo e a prática, esse domínio se fortalece, tornando possível não apenas prolongar a experiência do sonho lúcido, mas também utilizá-la de forma mais proveitosa, seja para autoconhecimento, desenvolvimento criativo ou simplesmente para desfrutar de um universo onde a única limitação é a própria imaginação.

Emoções intensas, sejam elas positivas ou negativas, podem desestabilizar o sonho lúcido, levando ao despertar prematuro ou à perda da consciência. A excitação excessiva, em particular, é frequentemente citada como uma causa comum de perda de lucidez. Isso ocorre porque a excitação aumenta a atividade cerebral, aproximando-a do estado de vigília e tornando mais difícil manter o estado de sonho.

Portanto, aprender a controlar as emoções dentro do sonho lúcido é uma habilidade crucial para quem deseja prolongar e aprofundar suas experiências oníricas. Não se trata de suprimir as emoções, mas sim de administrá-las de forma consciente, evitando que elas dominem a experiência e interrompam a lucidez.

Estratégias para Controlar as Emoções:

Reconhecimento e Aceitação: O primeiro passo para controlar as emoções é reconhecê-las e aceitá-las. Quando você perceber que está sentindo uma emoção intensa (seja alegria, excitação, medo, raiva, tristeza), não tente reprimi-la ou negá-la. Simplesmente reconheça a emoção: "Estou sentindo alegria", "Estou sentindo medo", "Estou muito excitado". A aceitação da emoção, sem julgamento, já ajuda a diminuir sua intensidade.

Respiração Consciente: A respiração consciente é uma ferramenta poderosa para regular as emoções. Quando você sentir uma emoção intensa, concentre-se na sua respiração. Inspire lenta e profundamente pelo nariz, enchendo o abdômen de ar, e expire lentamente pela boca. Repita esse processo algumas vezes, até sentir que a emoção diminui de intensidade. A respiração consciente ajuda a acalmar o sistema nervoso e a trazer a mente de volta ao momento presente.

Ancoragem Sensorial (Revisão): A ancoragem sensorial, já mencionada em capítulos anteriores, também é útil para controlar as emoções. Ao se concentrar nos detalhes sensoriais do sonho (visão, tato, audição, olfato, paladar), você desvia a atenção da emoção e fortalece sua conexão com o ambiente onírico.

Afirmações Positivas (Revisão): Repita mentalmente frases que reforcem sua calma e seu controle sobre a experiência. Por exemplo: "Estou calmo e consciente", "Estou no controle deste sonho", "Posso sentir alegria sem perder a lucidez". As afirmações positivas ajudam a reprogramar a mente e a substituir emoções negativas por emoções mais positivas e equilibradas.

Distanciamento: Se a emoção for muito intensa, tente se distanciar da situação que a está causando. Imagine que você é um observador imparcial, assistindo a um filme. Esse distanciamento emocional pode ajudar a reduzir a intensidade da emoção e a evitar que ela domine a experiência.

Transformação da Emoção: Em vez de lutar contra a emoção, tente transformá-la. Se você estiver sentindo medo, por exemplo, tente transformar o medo em curiosidade ou coragem. Se estiver sentindo raiva, tente transformar a raiva em compaixão ou perdão. A capacidade de transformar emoções é uma habilidade poderosa que pode ser desenvolvida com a prática.

Humor: Use o senso de humor. Muitas vezes a simples atitude de rir de uma situação, pode dissolver uma carga emocional negativa.

Visualização: Crie mentalmente uma imagem que represente a calma e o controle. Pode ser a imagem de um lago tranquilo, de uma montanha imponente, de uma luz suave ou de qualquer outra coisa que transmita a você uma sensação de paz e serenidade. Visualize essa imagem sempre que precisar se acalmar.

Controlar as emoções em um sonho lúcido é uma habilidade que se desenvolve com a prática. Não se cobre perfeição imediata. Comece com técnicas simples, como a respiração consciente e as afirmações positivas, e gradualmente experimente outras estratégias. Com o tempo, você se tornará mais hábil em administrar suas emoções e em manter a lucidez, mesmo diante de experiências oníricas intensas.

Capítulo 22
Autoterapia Onírica

A mente humana possui uma capacidade notável de curar e transformar-se através da experiência subjetiva, e os sonhos lúcidos representam um espaço privilegiado para esse processo. Dentro do universo onírico, o sonhador pode acessar aspectos profundos de sua psique, revisitar memórias, enfrentar desafios emocionais e ressignificar experiências traumáticas sem os limites da realidade física. A autoterapia onírica baseia-se no princípio de que, ao interagir conscientemente com símbolos e emoções manifestados nos sonhos, é possível promover uma profunda cura emocional. O cérebro, ao vivenciar situações dentro do sonho como se fossem reais, responde com mudanças perceptivas e emocionais que podem ter efeitos terapêuticos duradouros na vida desperta. Assim, os sonhos lúcidos tornam-se uma ferramenta poderosa para aqueles que buscam compreender melhor a si mesmos, superar medos e bloqueios e transformar padrões limitantes.

O processo terapêutico dentro do sonho lúcido ocorre por meio da interação direta com elementos simbólicos que representam questões emocionais. Medos podem se manifestar como criaturas ameaçadoras, traumas podem surgir na forma de cenários recorrentes, e desafios pessoais podem ser incorporados por personagens específicos. Ao invés de evitar essas manifestações, o sonhador lúcido tem a oportunidade de confrontá-las de maneira segura, promovendo a integração de aspectos reprimidos da psique. Essa abordagem possibilita diálogos internos significativos, mudanças na percepção sobre eventos passados e até mesmo o desenvolvimento de novas respostas emocionais. A plasticidade do sonho permite que o indivíduo recrie situações de forma positiva, substituindo sentimentos de impotência por empoderamento, de medo por coragem e de dor por aceitação.

Além disso, a prática contínua da autoterapia onírica fortalece a inteligência emocional e a resiliência psicológica. O simples fato de estabelecer a intenção de resolver questões emocionais por meio dos sonhos já estimula a mente a trabalhar em prol da cura. Ao acordar, a reflexão sobre as experiências vividas no sonho permite consolidar aprendizados e aplicá-los na realidade. Embora a autoterapia onírica não substitua tratamentos convencionais para transtornos graves, ela se apresenta como um complemento valioso, ajudando o indivíduo a acessar insights profundos e a construir um caminho de autoconhecimento e bem-estar. Com persistência e sensibilidade, os sonhos lúcidos podem se tornar um espaço de cura e crescimento, onde o sonhador se torna o arquiteto de sua própria transformação emocional.

É importante ressaltar que a autoterapia onírica não substitui a terapia convencional com um profissional qualificado. Se você está lidando com traumas graves ou transtornos mentais, é fundamental buscar a ajuda de um psicólogo ou psiquiatra. No entanto, a autoterapia onírica pode ser um complemento valioso ao tratamento tradicional, acelerando o processo de cura e proporcionando insights profundos.

Exercícios Passo a Passo:
Identificação do Problema:

Antes de iniciar a autoterapia onírica, é importante identificar claramente o problema que você deseja abordar. Pode ser um medo específico (de altura, de animais, de falar em público), um trauma do passado, um padrão de comportamento negativo, um sentimento recorrente de tristeza ou ansiedade, ou qualquer outra questão emocional que esteja afetando sua vida.

Use seu diário de sonhos para identificar padrões e temas recorrentes que possam estar relacionados ao problema. Preste atenção aos sonhos que evocam emoções intensas, mesmo que não sejam lúcidos.

Incubação do Sonho:

A incubação de sonhos é uma técnica que envolve focar intensamente em uma pergunta ou problema antes de dormir, na esperança de que o sonho traga uma resposta, um insight ou uma oportunidade de cura.

Antes de dormir, escreva em seu diário de sonhos o problema que você deseja abordar. Seja específico. Por exemplo: "Quero entender a origem do meu medo de altura e superá-lo em um sonho lúcido".

Visualize-se enfrentando e superando o problema em um sonho lúcido. Imagine-se sentindo-se calmo, confiante e no controle da situação.

Repita mentalmente uma frase que expresse sua intenção de ter um sonho lúcido sobre o problema. Por exemplo: "Esta noite, terei um sonho lúcido sobre meu medo de altura e vou superá-lo".

Indução da Lucidez:

Utilize as técnicas de indução de sonhos lúcidos que você já aprendeu (MILD, WILD, WBTB, testes de realidade, etc.) para aumentar suas chances de se tornar consciente dentro do sonho.

Se você tiver um sonho recorrente relacionado ao problema, use-o como um gatilho para a lucidez (veja o Capítulo 15).

Confronto e Resolução (dentro do sonho lúcido):

Assim que perceber que está sonhando, estabilize o sonho utilizando as técnicas de ancoragem sensorial, rotação corporal e afirmações positivas (veja os Capítulos 17 e 18).

Convoque o problema que você deseja abordar. Isso pode ser feito simplesmente pensando nele, visualizando-o, ou chamando-o verbalmente. Por exemplo, se você tem medo de aranhas, pode dizer: "Quero enfrentar meu medo de aranhas agora".

O problema pode se manifestar de diversas formas: como um personagem, um objeto, um cenário, uma situação ou uma emoção.

Confronte o problema com coragem e determinação. Lembre-se de que você está em um sonho e tem controle sobre a experiência.

Utilize diferentes estratégias para lidar com o problema, dependendo da sua natureza:

Diálogo: Converse com o personagem, objeto ou situação que representa o problema. Pergunte por que ele está ali, o que ele representa, o que ele quer lhe ensinar.

Transformação: Use seu poder onírico para transformar o problema em algo positivo ou inofensivo. Por exemplo, você pode transformar uma aranha gigante em uma aranha pequena e amigável, ou um monstro assustador em um personagem engraçado.

Enfrentamento: Enfrente o problema diretamente. Se você tem medo de altura, pode se imaginar escalando uma montanha ou voando sem medo.

Reenquadramento: Mude sua perspectiva sobre o problema. Veja-o como um desafio, uma oportunidade de aprendizado ou crescimento.

Perdão: Se o problema envolve mágoa, ressentimento ou culpa, pratique o perdão, tanto a si mesmo quanto aos outros.

Sinta e expresse as emoções. Não segure ou reprima as emoções que surgirem.

Integração (após o sonho):

Ao acordar, anote todos os detalhes do sonho em seu diário, incluindo as emoções que você sentiu, as estratégias que utilizou e os resultados que obteve.

Reflita sobre o significado do sonho e como ele se relaciona com sua vida desperta.

Continue trabalhando no problema em sua vida desperta, utilizando os insights e as habilidades que você desenvolveu no sonho lúcido.

A autoterapia onírica é um processo gradual e individual. Não espere resultados milagrosos de um único sonho. Seja paciente, persistente e compassivo consigo mesmo. Com a prática regular, os sonhos lúcidos podem se tornar uma ferramenta poderosa para a cura emocional e o autoconhecimento.

Capítulo 23
Explorando Cenários

A experiência de um sonho lúcido permite uma imersão total em realidades alternativas, onde o sonhador assume o papel de criador do próprio universo. Diferente do estado desperto, onde as leis da física e as limitações do mundo material impõem barreiras, no sonho lúcido o ambiente se molda à vontade do sonhador, tornando possível não apenas observar, mas interagir e transformar os cenários com um simples pensamento ou gesto. Esse poder de manipulação não se restringe à estética do sonho, mas estende-se ao significado e à funcionalidade dos espaços oníricos, permitindo a criação de ambientes que refletem emoções, desejos e aspectos profundos da psique. Dessa forma, explorar cenários em um sonho lúcido não é apenas uma experiência visual impressionante, mas também um processo de autodescoberta, criatividade e crescimento pessoal.

A criação e modificação de cenários no sonho lúcido ocorrem por meio da intenção e da expectativa. A mente, ao reconhecer que está sonhando, adquire um grau elevado de maleabilidade, respondendo rapidamente a comandos internos. Visualizar um ambiente desejado com riqueza de detalhes, acreditar plenamente na sua materialização e realizar gestos simbólicos para invocar a mudança são estratégias fundamentais para moldar o mundo onírico de acordo com a vontade do sonhador. A prática contínua desse controle estimula a criatividade e fortalece a autoconfiança, permitindo que o indivíduo utilize os sonhos como um espaço seguro para experimentação e expressão. Além disso, ao explorar novos cenários e interagir com paisagens fantásticas, o sonhador pode acessar inspirações para atividades artísticas, solucionar problemas do mundo desperto ou até mesmo superar bloqueios emocionais ao criar ambientes que promovam sentimentos de segurança e bem-estar.

Com o tempo e a prática, a habilidade de controlar cenários no sonho lúcido se torna mais refinada, possibilitando transformações instantâneas e expansões ilimitadas do espaço onírico. O sonhador pode viajar entre mundos fictícios, recriar lugares do passado, projetar ambientes futuristas ou até mesmo construir paisagens inéditas que desafiem qualquer conceito da realidade física. Essa liberdade proporciona uma experiência única de exploração e aprendizado, onde cada detalhe do cenário pode conter mensagens do subconsciente ou servir como palco para aventuras extraordinárias. Mais do que uma habilidade lúdica, a capacidade de moldar os sonhos torna-se um instrumento valioso para o autoconhecimento e para a expansão dos horizontes mentais, permitindo que o sonhador ultrapasse os limites da imaginação e explore todo o potencial criativo da mente humana.

Essa capacidade de manipular o ambiente do sonho não é apenas divertida, mas também pode ser utilizada para fins terapêuticos, criativos e de desenvolvimento pessoal. Você pode usar o controle do cenário para:

Superar medos e fobias: Crie um ambiente seguro e controlado para enfrentar seus medos (por exemplo, voar se você tem medo de altura, falar em público se você tem medo de palco).

Explorar a criatividade: Crie cenários inspiradores para compor músicas, escrever histórias, pintar quadros ou resolver problemas.

Praticar habilidades: Simule situações da vida real para praticar habilidades, como falar um novo idioma, fazer uma apresentação ou tocar um instrumento musical.

Realizar desejos: Experimente coisas que seriam impossíveis no mundo físico, como voar, respirar embaixo d'água, visitar outros planetas ou encontrar pessoas que já se foram.

Autoconhecimento: Explore seu próprio mundo interior, criando cenários que representem seus sentimentos, emoções, memórias ou aspectos da sua personalidade.

Como Criar e Modificar Cenários:

Intenção Clara: O primeiro passo para controlar o ambiente do sonho é ter uma intenção clara do que você quer criar ou modificar. Quanto mais específica for sua intenção, mais fácil será realizá-la. Em vez de pensar "Quero estar em um lugar bonito", pense "Quero estar em uma praia tropical, com areia branca, água cristalina e coqueiros".

Visualização: Visualize o cenário que você deseja criar com o máximo de detalhes possível. Imagine as cores, as formas, os sons, os cheiros, as texturas. Quanto mais vívida for sua visualização, mais fácil será materializá-la no sonho.

Afirmação: Use afirmações verbais ou mentais para reforçar sua intenção. Por exemplo: "Estou criando uma praia tropical", "A areia é branca e macia", "A água é cristalina e quente".

Ação: Realize uma ação que simbolize a criação ou modificação do cenário. Você pode:

Apontar e Comandar: Aponte para um lugar vazio e diga: "Aqui vai aparecer uma praia tropical".

Desenhar ou Pintar: Imagine que você tem um pincel ou uma caneta mágica e desenhe ou pinte o cenário no ar.

Construir: Imagine que você tem as ferramentas e os materiais necessários para construir o cenário.

Abrir uma Porta: Imagine que atrás de uma porta está o cenário que você deseja. Abra a porta e entre no novo ambiente.

Girar: Gire em torno de si mesmo e visualize o novo cenário se materializando ao seu redor.

Estalar os Dedos: Estale os dedos e visualize a mudança acontecendo instantaneamente.

Expectativa: Acredite que sua intenção se realizará. A expectativa é um fator crucial no controle dos sonhos lúcidos. Se você duvidar da sua capacidade de criar ou modificar o cenário, será mais difícil fazê-lo.

Persistência: Se o cenário não se materializar imediatamente, não desista. Continue visualizando, afirmando e realizando ações até que sua intenção se concretize. A prática leva à perfeição.

Estabilização: Utilize as técnicas de estabilização para manter seu sonho nítido.

Dicas Adicionais:

Comece com Pequenas Modificações: Se você é iniciante no controle dos sonhos lúcidos, comece com pequenas modificações no ambiente. Por exemplo, tente mudar a cor de um objeto, fazer aparecer uma flor ou alterar o clima. À medida que você ganhar confiança, poderá tentar criações mais complexas.

Use a Criatividade: Não há limites para o que você pode criar em um sonho lúcido. Use sua imaginação e criatividade para criar cenários únicos e personalizados.

Divirta-se: O controle do ambiente onírico é uma experiência incrivelmente divertida e libertadora. Aproveite a oportunidade para explorar seu potencial criativo e realizar seus desejos mais fantásticos.

A capacidade de controlar o ambiente do sonho é uma das habilidades mais poderosas que os sonhos lúcidos oferecem. Com prática e dedicação, você poderá se tornar o mestre do seu próprio universo onírico, criando e modificando cenários à vontade, explorando sua criatividade e expandindo os limites da sua imaginação.

Capítulo 24
Viagens Profundas

Os sonhos lúcidos abrem portas para dimensões ocultas da mente, permitindo uma jornada profunda ao interior do subconsciente. Ao tornar-se consciente dentro do sonho, o indivíduo acessa um estado mental privilegiado onde memórias, emoções e padrões inconscientes emergem de maneira simbólica, possibilitando uma exploração sem as limitações do pensamento racional. Diferente da realidade desperta, onde os processos mentais seguem uma estrutura linear, no universo onírico a mente se manifesta de forma fluida e criativa, conectando fragmentos da experiência pessoal de maneira inesperada e reveladora. Essa imersão pode proporcionar desde a compreensão de traumas passados até a descoberta de talentos adormecidos, funcionando como uma ferramenta poderosa para o autoconhecimento e a transformação emocional.

Aprofundar-se no subconsciente por meio dos sonhos lúcidos exige uma abordagem estruturada e intencional. Antes de dormir, definir um propósito claro para a experiência aumenta as chances de acessar conteúdos significativos. Durante o sonho, técnicas como a criação de portais, a invocação de guias simbólicos e a exploração de cenários metafóricos facilitam a navegação pelas camadas mais profundas da mente. Cada elemento do sonho pode conter uma mensagem oculta: uma casa pode representar diferentes aspectos da personalidade, um oceano pode simbolizar emoções reprimidas e uma caverna pode indicar segredos internos esperando para serem descobertos. Ao interagir conscientemente com esses símbolos, o sonhador desvenda conexões que normalmente permaneceriam inacessíveis na vigília.

Apesar do enorme potencial transformador dessa prática, é essencial abordá-la com respeito e discernimento. O subconsciente pode revelar conteúdos desafiadores, trazendo à tona medos e inseguranças que estavam latentes. Aceitar essas revelações sem resistência, observando-as com curiosidade e sem julgamento, permite a integração dessas partes da psique de maneira saudável. Registrar as experiências ao acordar, refletir sobre os insights obtidos e buscar apoio, quando necessário, fortalece o processo de assimilação e aplicação desse conhecimento na vida cotidiana. Com o tempo, essa exploração consciente do subconsciente não apenas aprofunda a compreensão sobre si mesmo, mas também fortalece a capacidade de lidar com emoções, tomar decisões mais alinhadas e viver de forma mais autêntica e equilibrada.

É importante ressaltar que a exploração do subconsciente em sonhos lúcidos não é isenta de riscos. Você pode se deparar com conteúdos perturbadores, medos, traumas ou aspectos da sua personalidade que você prefere evitar. Portanto, é fundamental abordar essa prática com cautela, respeito e, se necessário, com o acompanhamento de um profissional de saúde mental.

Técnicas para Acessar Camadas Mais Profundas do Subconsciente:

Intenção Clara: Antes de iniciar a "viagem profunda", defina sua intenção. O que você quer explorar em seu subconsciente? Quais perguntas você quer responder? Quais aspectos da sua personalidade você quer conhecer melhor? Quanto mais clara for sua intenção, mais direcionada será sua experiência.

Incubação de Sonhos (Revisão): Utilize a técnica de incubação de sonhos (detalhada no Capítulo 20) para direcionar o conteúdo do seu sonho lúcido. Antes de dormir, concentre-se intensamente na sua intenção, visualize-se explorando seu subconsciente e repita uma frase que expresse seu objetivo.

Portais e Passagens: Em um sonho lúcido, crie um portal, uma porta, um elevador, uma escada, um túnel ou qualquer outra passagem que simbolize a entrada em seu subconsciente. Visualize que, ao atravessar essa passagem, você estará acessando camadas mais profundas da sua mente.

Guia Onírico: Invoque um guia onírico, um personagem (real ou imaginário) que possa acompanhá-lo e orientá-lo em sua exploração do subconsciente. Esse guia pode ser um mentor, um animal de poder, um anjo, um ente querido que já faleceu, ou qualquer outra figura que transmita a você confiança e sabedoria.

Diálogo com o Subconsciente: Converse com os personagens, objetos ou cenários que surgirem em seu sonho. Pergunte o que eles representam, o que eles querem lhe mostrar, qual a mensagem que eles têm para você. Lembre-se de que, em um sonho lúcido, tudo é uma projeção da sua própria mente, portanto, o diálogo com os elementos do sonho é, na verdade, um diálogo com seu próprio subconsciente.

Exploração de Cenários Simbólicos: Crie cenários que representem simbolicamente seu subconsciente. Por exemplo:

Uma casa: Cada cômodo da casa pode representar um aspecto da sua personalidade ou uma fase da sua vida. Explore os cômodos, observe os objetos, abra as gavetas, procure por mensagens ocultas.

Um oceano: Mergulhe nas profundezas do oceano, que pode simbolizar o inconsciente profundo. Observe as criaturas que habitam esse oceano, os objetos que você encontra no fundo do mar.

Uma floresta: Caminhe por uma floresta densa, que pode representar o labirinto da sua mente. Observe as árvores, os animais, os caminhos, os obstáculos.

Uma caverna: Entre em uma caverna escura, que pode simbolizar o desconhecido. Explore a caverna com coragem, buscando por tesouros ocultos (insights, memórias, talentos).

Meditação no Sonho: Encontre um lugar tranquilo dentro do sonho e pratique a meditação. A meditação pode ajudar a acalmar a mente, aprofundar a lucidez e a facilitar o acesso a conteúdos inconscientes.

Escrita Automática no Sonho: Pegue um caderno e uma caneta (dentro do sonho) e pratique a escrita automática. Deixe sua mão escrever livremente, sem censura ou julgamento. As palavras que surgirem podem revelar mensagens do seu subconsciente.

Aceitação e Integração: Ao explorar as camadas profundas, é importante se atentar as emoções, e aceita-las.

Considerações Importantes:

Autoconhecimento: A exploração do subconsciente em sonhos lúcidos requer um bom nível de autoconhecimento e maturidade emocional. Esteja preparado para se deparar com conteúdos desafiadores.

Autocuidado: Cuide de si mesmo durante e após a experiência. Se você se sentir sobrecarregado ou perturbado, interrompa a exploração e busque apoio.

Interpretação: Anote seus sonhos em seu diário e reflita sobre os símbolos, as emoções e as mensagens que surgiram. A interpretação dos sonhos pode ser um processo complexo, e a ajuda de um terapeuta pode ser valiosa.

A "viagem profunda" ao subconsciente em sonhos lúcidos é uma jornada de autodescoberta que pode trazer insights transformadores. Com prática, coragem e respeito, você poderá desvendar os mistérios da sua própria mente e usar esse conhecimento para promover seu crescimento pessoal e bem-estar.

Capítulo 25
Encontros Oníricos

Os sonhos lúcidos oferecem uma dimensão extraordinária onde o sonhador pode interagir conscientemente com personagens oníricos que representam diferentes aspectos de sua psique, memórias ou arquétipos universais. Essas interações transcendem o mero entretenimento, funcionando como pontes para o autoconhecimento, a resolução de conflitos internos e até mesmo a cura emocional. No ambiente onírico, figuras conhecidas ou desconhecidas podem surgir carregadas de simbolismo, refletindo partes ocultas da personalidade, emoções reprimidas ou ensinamentos valiosos. Seja ao conversar com um ente querido falecido, buscar conselhos de uma figura sábia ou interagir com um personagem fictício admirado, cada encontro traz a possibilidade de descobertas profundas e transformadoras.

A manifestação desses personagens não ocorre ao acaso. A intenção clara e a expectativa desempenham um papel crucial na materialização das figuras desejadas dentro do sonho. A mente subconsciente responde aos comandos do sonhador, de modo que visualizar a presença do personagem, chamá-lo verbalmente ou criar um ambiente propício para o encontro aumenta significativamente as chances de sua aparição. Além disso, compreender que cada personagem onírico, independentemente da forma que assume, representa uma parte do próprio sonhador permite interações mais proveitosas e reveladoras. Esses encontros podem trazer respostas inesperadas a dúvidas persistentes, oferecer novas perspectivas sobre desafios da vida real ou proporcionar experiências emocionais intensas e libertadoras.

Para que a experiência seja enriquecedora, é fundamental manter a lucidez e interagir com respeito e curiosidade. Fazer perguntas diretas aos personagens, observar suas reações e prestar atenção tanto às palavras quanto à linguagem corporal pode revelar mensagens profundas vindas do subconsciente. Muitas vezes, personagens hostis ou desafiadores representam medos, traumas ou aspectos reprimidos que pedem reconhecimento e integração. Abordá-los com empatia e compreensão, em vez de fugir ou enfrentá-los com agressividade, permite transformar o sonho em uma poderosa ferramenta de crescimento. Com prática e abertura para essas interações, os encontros oníricos se tornam um canal valioso para a exploração da mente e a evolução pessoal, tornando os sonhos lúcidos uma experiência ainda mais significativa e enriquecedora.

Esses encontros oníricos podem ter diversos propósitos:

Autoconhecimento: Conversar com personagens que representam partes do seu próprio self (como a criança interior, a sombra, o ego ideal) pode trazer insights profundos sobre sua personalidade, seus conflitos internos e seu potencial de crescimento.

Resolução de Conflitos: Interagir com pessoas com quem você tem conflitos na vida real (em um ambiente seguro e controlado) pode ajudar a encontrar novas perspectivas, a expressar emoções reprimidas e a buscar soluções para os problemas.

Aconselhamento e Orientação: Buscar conselhos de figuras sábias (reais ou imaginárias) pode trazer inspiração, clareza e direcionamento em momentos de dúvida ou dificuldade.

Cura Emocional: Encontrar-se com entes queridos que já faleceram pode trazer conforto, alívio da saudade e a oportunidade de se despedir ou de resolver questões pendentes.

Criatividade: Interagir com artistas, escritores, cientistas ou inventores (reais ou imaginários) pode estimular sua criatividade, trazer novas ideias e inspiração para seus projetos.

Entretenimento: Simplesmente conversar com seus personagens favoritos de filmes, livros ou jogos pode ser uma experiência divertida e emocionante.

Como Invocar Personagens:

Intenção Clara: Antes de tentar invocar um personagem, defina claramente quem você quer encontrar e por quê. Quanto mais específica for sua intenção, mais fácil será realizar o encontro.

Visualização: Visualize o personagem com o máximo de detalhes possível. Imagine seu rosto, sua voz, suas roupas, sua postura, sua energia. Quanto mais vívida for sua visualização, mais fácil será trazê-lo para seu sonho.

Chamado Verbal: Chame o personagem pelo nome, em voz alta ou mentalmente. Diga algo como: "Eu quero encontrar [nome do personagem] agora", "Eu convoco [nome do personagem] para este sonho".

Criação de um Portal: Imagine um portal, uma porta, um espelho ou qualquer outra passagem que possa levar ao encontro com o personagem Visualize o personagem surgindo através dessa passagem.

Expectativa: Acredite que o personagem aparecerá. A expectativa é um fator crucial no controle dos sonhos lúcidos. Se você duvidar da sua capacidade de invocar o personagem, será mais difícil fazê-lo.

Ambiente Propício: Crie um ambiente propício para o encontro. Se você quer encontrar um escritor, pode criar uma biblioteca ou um escritório. Se quer encontrar um guerreiro, pode criar um campo de batalha ou um castelo.

Técnica do objeto: Imagine que você tem um objeto que pertence a essa pessoa, e concentre-se nesse objeto.

Como Interagir Conscientemente:

Mantenha a Lucidez: Lembre-se de que você está sonhando e que tem controle sobre a experiência. Use as técnicas de estabilização onírica (ancoragem sensorial, rotação corporal, afirmações positivas) para manter a lucidez.

Seja Respeitoso: Trate os personagens oníricos com respeito, mesmo que eles sejam representações de aspectos negativos da sua personalidade ou de pessoas com quem você tem conflitos. Lembre-se de que eles são parte de você.

Faça Perguntas: Faça perguntas aos personagens. Pergunte o que eles representam, o que eles querem lhe ensinar, qual a mensagem que eles têm para você. Seja curioso e aberto às respostas.

Ouça Atentamente: Ouça atentamente o que os personagens têm a dizer. As respostas deles podem ser surpreendentes, reveladoras e transformadoras.

Expresse suas Emoções: Não tenha medo de expressar suas emoções aos personagens oníricos. Se você estiver sentindo raiva, tristeza, medo ou alegria, expresse esses sentimentos de forma autêntica.

Observe a Linguagem Corporal: Preste atenção à linguagem corporal dos personagens. A postura, os gestos, as expressões faciais podem revelar informações importantes sobre seu estado emocional e suas intenções.

Não se Deixe Levar: Mantenha o controle da situação. Não se deixe levar por emoções intensas ou por ações impulsivas. Lembre-se de que você é o sonhador lúcido e tem o poder de direcionar a experiência.

Os encontros oníricos podem ser experiências profundas e significativas, que abrem um canal de comunicação direto com seu subconsciente e com o mundo dos símbolos. Com prática e intenção, você poderá usar essa ferramenta para promover seu autoconhecimento, sua cura emocional e seu desenvolvimento pessoal.

Capítulo 26
Treinamento Onírico

O treinamento onírico utiliza o vasto potencial dos sonhos lúcidos para aperfeiçoar habilidades de maneira altamente eficaz. Durante o estado de lucidez nos sonhos, o cérebro pode simular com grande realismo qualquer experiência desejada, permitindo que o praticante refine seus movimentos, reforce padrões mentais e desenvolva maior domínio sobre determinada atividade. Essa técnica baseia-se no princípio de que o cérebro não distingue completamente uma experiência vivida no mundo real daquela experimentada de forma vívida na mente. Assim, ao treinar dentro do sonho lúcido, a pessoa estimula as mesmas conexões neurais envolvidas na prática física, tornando o aprendizado e a consolidação da habilidade significativamente mais eficazes. Diferente da simples visualização consciente durante a vigília, os sonhos lúcidos proporcionam um ambiente dinâmico e interativo, permitindo que o indivíduo sinta texturas, perceba sons, ajuste sua performance em tempo real e experimente emoções autênticas associadas ao ato de realizar a tarefa. Esse nível de imersão aumenta a capacidade de retenção e facilita a reprodução precisa da atividade no mundo desperto.

 A aplicação do treinamento onírico pode abranger diversas áreas do conhecimento e do desempenho humano. Atletas podem refinar suas técnicas, ensaiando movimentos com precisão e repetição controlada. Músicos podem executar trechos complexos de uma composição, sentindo a resistência das cordas, a resposta do instrumento e o fluxo da melodia sem depender da prática física. Profissionais que precisam lidar com apresentações públicas, como palestrantes e atores, podem simular cenários de plateias variadas e desenvolver maior segurança ao discursar. Até mesmo atividades que envolvem habilidades motoras finas, como a cirurgia ou a caligrafia, podem ser aprimoradas por meio da repetição consciente em um sonho lúcido. Como o cérebro interpreta essas experiências de maneira realista, a prática noturna se reflete no desempenho diurno, otimizando o aprendizado sem exigir desgaste físico. Além disso, o treinamento onírico pode ser especialmente benéfico para a reabilitação de pacientes que precisam recuperar movimentos ou fortalecer padrões motores após lesões, oferecendo um meio de prática sem risco de agravamento da condição física.

 A eficácia dessa abordagem é sustentada por estudos científicos que demonstram a capacidade do ensaio mental de fortalecer conexões neurais e melhorar o desempenho em diversas áreas. Ao despertar, o cérebro registra as experiências vividas no sonho como se fossem reais, permitindo que as novas informações se integrem ao repertório motor e cognitivo do indivíduo. Essa técnica também favorece o desenvolvimento da autoconfiança, pois permite que o praticante experimente a sensação de sucesso repetidas vezes, reduzindo a ansiedade associada à execução real da tarefa. Além disso, o ambiente dos sonhos lúcidos permite testar estratégias inovadoras, explorar novas abordagens para desafios e até mesmo simular dificuldades específicas para desenvolver resiliência diante de imprevistos. Dessa forma, ao utilizar os sonhos lúcidos como um campo de treinamento, qualquer pessoa pode aprimorar suas habilidades, superar limitações e acelerar seu progresso de maneira natural e eficiente.

A vantagem de realizar o ensaio mental em um sonho lúcido é que a experiência é muito mais vívida e realista do que a simples visualização em estado de vigília. No sonho lúcido, você pode envolver todos os seus sentidos (visão, tato, audição, olfato, paladar), experimentar as emoções associadas à atividade e interagir com o ambiente de forma dinâmica. Isso torna o ensaio mental muito mais eficaz.

Estudos científicos demonstraram que o ensaio mental pode melhorar o desempenho em diversas áreas, como esportes, música, artes cênicas, oratória, cirurgia e reabilitação física. Acredita-se que o ensaio mental fortalece as conexões neurais associadas à habilidade praticada, preparando o cérebro e o corpo para a execução real da atividade.

Passos para o Treinamento Onírico:

Definir a Habilidade: Escolha a habilidade que você deseja praticar em seu sonho lúcido. Pode ser qualquer coisa, desde tocar um instrumento musical até fazer um discurso, passar em uma prova, praticar um esporte ou realizar uma tarefa complexa.

Incubação do Sonho (Revisão): Utilize a técnica de incubação de sonhos (detalhada no Capítulo 20) para direcionar o conteúdo do seu sonho. Antes de dormir, concentre-se intensamente na habilidade que você quer praticar, visualize-se realizando a atividade com perfeição e repita uma frase que expresse sua intenção.

Indução da Lucidez: Utilize as técnicas de indução de sonhos lúcidos (MILD, WILD, WBTB, testes de realidade, etc.) para aumentar suas chances de se tornar consciente dentro do sonho.

Criação do Cenário (Revisão): Assim que se tornar lúcido, crie o cenário ideal para a prática da sua habilidade. Se você quer praticar um discurso, crie um auditório com uma plateia. Se quer praticar um esporte, crie um campo, uma quadra ou uma pista. Use as técnicas de controle do ambiente onírico (detalhadas no Capítulo 20) para tornar o cenário o mais realista possível.

Ensaio Mental Detalhado: Comece a praticar a habilidade escolhida, prestando atenção a todos os detalhes:

Movimentos: Execute os movimentos com precisão, sentindo cada músculo envolvido na ação.

Sensações: Perceba as sensações físicas associadas à atividade (o toque da bola, o peso do instrumento, a resistência do ar).

Emoções: Experimente as emoções que você sentiria ao realizar a atividade na vida real (confiança, concentração, determinação, alegria).

Ambiente: Interaja com o ambiente, observe os detalhes, ouça os sons.

Resultado: Visualize-se alcançando o resultado desejado (marcando um gol, tocando a música perfeitamente, recebendo aplausos).

Repetição: Repita a prática várias vezes, buscando a perfeição em cada repetição. Se você cometer um erro, corrija-o mentalmente e continue praticando.

Variação: Varie a prática, simulando diferentes condições e desafios. Por exemplo, se você está praticando um esporte, imagine-se jogando em diferentes condições climáticas, contra diferentes oponentes, em diferentes níveis de dificuldade.

Registro: Ao acordar, anote os detalhes do seu ensaio mental em seu diário de sonhos. Descreva os movimentos que você realizou, as sensações que você experimentou, as emoções que você sentiu, os desafios que você enfrentou e os resultados que você obteve.

Benefícios do Treinamento Onírico:

Melhora do Desempenho: O ensaio mental em sonhos lúcidos pode melhorar o desempenho em diversas áreas, fortalecendo as conexões neurais associadas à habilidade praticada.

Aumento da Confiança: A prática bem-sucedida em um sonho lúcido aumenta a confiança na sua capacidade de realizar a atividade na vida real.

Redução da Ansiedade: O ensaio mental pode ajudar a reduzir a ansiedade associada a situações desafiadoras, como falar em público ou competir em um evento esportivo.

Superar Obstáculos: O treinamento onírico pode te auxiliar a superar bloqueios.

Aceleração do Aprendizado: A prática em sonhos lúcidos pode acelerar o aprendizado de novas habilidades, complementando a prática no mundo físico.

O treinamento onírico é uma ferramenta poderosa para o aprimoramento de habilidades e para o desenvolvimento pessoal. Ao combinar a vivacidade dos sonhos lúcidos com a eficácia do ensaio mental, você pode acelerar seu aprendizado, aumentar sua confiança e alcançar seus objetivos de forma mais rápida e eficiente.

Capítulo 27
Insights Criativos

A mente humana possui uma capacidade extraordinária de conectar ideias, gerar soluções inovadoras e dar vida a conceitos abstratos. Durante os sonhos lúcidos, essa habilidade criativa atinge um novo patamar, pois o cérebro opera sem as limitações do pensamento lógico convencional, permitindo que ideias inesperadas e associações incomuns floresçam com naturalidade. O ambiente onírico, livre das amarras da realidade física, torna-se um campo de experimentação sem restrições, onde formas, cores, sons e narrativas se entrelaçam para formar insights valiosos. Ao tomar consciência dentro do sonho, o sonhador pode direcionar essa criatividade de maneira intencional, explorando cenários, interagindo com personagens simbólicos e testando hipóteses inovadoras. Dessa forma, o sonho lúcido se torna uma ferramenta poderosa para a solução de problemas, o desenvolvimento de projetos e a descoberta de novas perspectivas.

O potencial criativo dos sonhos tem sido amplamente reconhecido ao longo da história, com inúmeros exemplos de artistas, cientistas e inventores que encontraram inspiração em suas experiências noturnas. No entanto, diferentemente dos sonhos comuns, nos quais as ideias emergem de maneira passiva e fragmentada, os sonhos lúcidos oferecem um grau de controle que permite ao sonhador explorar conscientemente seu próprio processo criativo. Um escritor pode interagir diretamente com personagens de sua história, observando seus gestos e ouvindo seus diálogos como se fossem reais. Um músico pode compor e tocar uma nova melodia dentro do sonho, experimentando combinações sonoras inéditas. Um cientista pode visualizar conceitos abstratos de forma tridimensional, compreendendo novas relações entre elementos de sua pesquisa. Esse tipo de experiência não apenas facilita a produção criativa, mas também expande os horizontes do pensamento, permitindo que a mente vá além do que seria possível em estado de vigília.

    Além da exploração direta, os sonhos lúcidos também são um terreno fértil para o surgimento de símbolos e metáforas que podem oferecer respostas inesperadas a desafios criativos. Muitas vezes, a solução para um problema não se apresenta de forma óbvia, mas emerge disfarçada em imagens, cenários e interações aparentemente aleatórias. Ao registrar e interpretar esses elementos ao despertar, é possível descobrir significados profundos e novas abordagens para questões complexas. A criatividade, afinal, é um processo que envolve tanto a geração de ideias quanto a capacidade de perceber conexões entre elas. Os sonhos lúcidos potencializam essa dinâmica, proporcionando um espaço onde a imaginação se expande livremente, permitindo que insights transformadores surjam de maneiras surpreendentes e inovadoras.

Muitos artistas, escritores, cientistas e inventores relataram ter encontrado inspiração em seus sonhos, tanto em sonhos comuns quanto em sonhos lúcidos. A história está repleta de exemplos de descobertas e criações que surgiram a partir de experiências oníricas (veja o Capítulo 3). No entanto, os sonhos lúcidos oferecem uma vantagem adicional: a possibilidade de interagir ativamente com o conteúdo do sonho, de fazer perguntas, de experimentar diferentes soluções e de explorar cenários alternativos.

Como Usar Sonhos Lúcidos para a Solução Criativa de Problemas:

Definir o Problema ou Desafio Criativo: Antes de dormir, identifique claramente o problema que você deseja resolver ou o desafio criativo que você quer enfrentar. Pode ser algo relacionado ao seu trabalho, aos seus estudos, à sua vida pessoal ou a qualquer outra área em que você precise de uma solução ou inspiração.

Incubação do Sonho (Revisão): Utilize a técnica de incubação de sonhos (detalhada no Capítulo 20) para direcionar o conteúdo do seu sonho. Antes de dormir, concentre-se intensamente no problema ou desafio, visualize-se encontrando uma solução criativa e repita uma frase que expresse sua intenção. Por exemplo: "Esta noite, terei um sonho lúcido que me mostrará a solução para [problema]" ou "Terei um sonho lúcido que me dará inspiração para [projeto criativo]".

Indução da Lucidez: Utilize as técnicas de indução de sonhos lúcidos (MILD, WILD, WBTB, testes de realidade, etc.) para aumentar suas chances de se tornar consciente dentro do sonho.

Exploração do Ambiente Onírico: Assim que se tornar lúcido, explore o ambiente do sonho em busca de pistas, símbolos, metáforas ou ideias relacionadas ao seu problema ou desafio. Observe os detalhes, as cores, as formas, os sons, os cheiros, as texturas. Tudo no sonho pode ter um significado relevante.

Diálogo com Personagens Oníricos: Converse com os personagens que você encontrar no sonho. Pergunte a eles sobre seu problema ou desafio. Eles podem oferecer perspectivas inesperadas, conselhos sábios ou soluções criativas. Você pode até mesmo invocar um personagem específico que seja conhecido por sua criatividade ou sabedoria (um artista, um cientista, um mentor, etc.).

Experimentação: Use seu poder onírico para experimentar diferentes soluções para o problema. Crie cenários alternativos, teste hipóteses, brinque com as possibilidades. Não tenha medo de errar ou de tentar coisas absurdas. O sonho lúcido é um laboratório de ideias, onde você pode experimentar livremente sem as limitações do mundo físico.

Busca por Símbolos e Metáforas: Preste atenção aos símbolos e metáforas que aparecem em seu sonho. Eles podem conter mensagens ocultas do seu subconsciente, que podem ser a chave para a solução do seu problema ou para o desenvolvimento de uma ideia criativa.

"Tempestade Cerebral" Onírica: Provoque em seu sonho uma "chuva de ideias", permita que seu cérebro te apresente diversas alternativas, mesmo que pareçam desconexas.

Registro: Ao acordar, anote todos os detalhes do seu sonho em seu diário, incluindo as ideias, os insights, os símbolos, as metáforas, as soluções que você experimentou e as emoções que você sentiu.

Reflexão e Aplicação: Reflita sobre o significado do seu sonho e como ele se relaciona com seu problema ou desafio. Tente extrair os insights relevantes e aplicá-los à sua vida desperta.

Exemplos de Uso Criativo dos Sonhos Lúcidos:

Um escritor que está com bloqueio criativo pode usar um sonho lúcido para visitar o cenário da sua história, conversar com seus personagens e explorar diferentes desfechos para o enredo.

Um músico que está compondo uma nova música pode usar um sonho lúcido para ouvir melodias, experimentar diferentes arranjos e encontrar inspiração para a letra.

Um cientista que está trabalhando em uma nova teoria pode usar um sonho lúcido para visualizar os conceitos abstratos, testar hipóteses e buscar novas perspectivas.

Um inventor que está projetando um novo produto pode usar um sonho lúcido para criar protótipos, experimentar diferentes materiais e testar o funcionamento do produto em um ambiente virtual.

Os sonhos lúcidos são uma ferramenta poderosa para a solução criativa de problemas e para o desenvolvimento de novas ideias. Ao combinar a liberdade da imaginação onírica com a consciência e o controle do sonhador lúcido, você pode acessar um reservatório ilimitado de criatividade e encontrar soluções inovadoras para os desafios da sua vida.

Capítulo 28
Enfrentando Pesadelos

Os pesadelos, embora muitas vezes aterrorizantes, são manifestações poderosas do inconsciente, trazendo à tona medos, ansiedades e conflitos internos que podem permanecer ocultos na vida desperta. Em vez de serem apenas experiências perturbadoras, eles funcionam como espelhos da psique, revelando aspectos que precisam ser compreendidos, processados e, em muitos casos, transformados. Quando uma pessoa vivencia um pesadelo, sua mente está criando um cenário altamente simbólico, no qual emoções reprimidas e traumas podem se materializar na forma de perseguições, criaturas ameaçadoras, cenários caóticos ou situações de desamparo. Esses elementos, longe de serem meramente aleatórios, representam questões internas que podem estar sendo ignoradas ou evitadas no dia a dia. Dessa forma, aprender a lidar conscientemente com os pesadelos, em especial dentro do contexto dos sonhos lúcidos, oferece uma oportunidade única de autodescoberta e cura emocional.

Os sonhos lúcidos possibilitam uma abordagem ativa para a resolução de pesadelos, permitindo que o sonhador tome o controle da narrativa e confronte seus medos de maneira direta. Em vez de fugir ou acordar em pânico, a lucidez permite que a pessoa questione os elementos do sonho, altere o curso dos acontecimentos e descubra o que está por trás da experiência assustadora. Muitos pesadelos apresentam figuras sombrias ou entidades ameaçadoras que, ao serem enfrentadas com coragem e curiosidade, revelam-se como aspectos internos que precisam ser integrados à personalidade do sonhador. Um monstro pode simbolizar um trauma não resolvido, uma perseguição pode representar uma responsabilidade que se tenta evitar, e um ambiente claustrofóbico pode refletir sentimentos de opressão ou falta de controle na vida real. Ao interagir conscientemente com esses elementos e buscar compreendê-los, é possível reconfigurar a relação com o próprio medo, promovendo crescimento emocional e psicológico.

Além do enfrentamento direto, a transformação dos pesadelos em experiências positivas ou neutras é uma técnica poderosa para diminuir sua recorrência e impacto emocional. Com a prática dos sonhos lúcidos, o sonhador pode desenvolver estratégias para modificar o cenário do pesadelo, alterar o comportamento das figuras ameaçadoras ou até mesmo transformar sentimentos de terror em sensações de calma e segurança. Uma criatura assustadora pode ser convertida em um guia amigável, um ambiente hostil pode se tornar um espaço acolhedor e uma situação de perigo pode ser reescrita para transmitir uma mensagem de superação. Essa capacidade de manipulação onírica não apenas fortalece o senso de controle sobre os próprios sonhos, mas também se reflete na vida desperta, proporcionando maior resiliência diante dos desafios emocionais do cotidiano. Ao aprender a encarar os pesadelos como oportunidades de entendimento e crescimento, a pessoa se torna mais confiante, equilibrada e capaz de lidar com suas dificuldades internas de maneira construtiva.

A psicologia, em particular a abordagem junguiana, interpreta os pesadelos como mensagens do inconsciente, que tentam chamar a atenção para questões não resolvidas, conflitos internos, medos reprimidos ou aspectos da personalidade que precisam ser integrados. Ao enfrentar e compreender o significado dos pesadelos, podemos transformá-los em fontes de autoconhecimento e cura.

Os sonhos lúcidos oferecem uma ferramenta poderosa para lidar com pesadelos. Ao se tornar consciente dentro de um pesadelo, você ganha a capacidade de controlar a experiência, de mudar o curso dos eventos, de confrontar seus medos e de transformar o sonho em algo positivo ou, pelo menos, menos assustador.

Como Transformar Pesadelos em Sonhos Positivos:

Reconhecimento da Lucidez: O primeiro passo é reconhecer que você está tendo um pesadelo. Isso pode ser mais fácil se você já tiver o hábito de realizar testes de realidade durante o dia e se você tiver um diário de sonhos, o que aumenta sua consciência onírica.

Estabilização do Sonho (Revisão): Assim que perceber que está sonhando, estabilize o sonho utilizando as técnicas de ancoragem sensorial, rotação corporal e afirmações positivas (detalhadas em capítulos anteriores). Isso ajudará a manter a lucidez e a evitar o despertar prematuro.

Controle do Medo: O medo é a emoção predominante em pesadelos. É importante controlar o medo para não perder a lucidez. Utilize a respiração consciente, afirmações positivas e técnicas de distanciamento emocional (veja o Capítulo 19) para se acalmar. Lembre-se de que você está em um sonho e tem o poder de mudar a experiência.

Confronto: Enfrente a fonte do seu medo no pesadelo. Pode ser um monstro, um perseguidor, uma situação ameaçadora ou qualquer outra coisa que esteja causando angústia. Aproxime-se do elemento assustador, olhe para ele, fale com ele.

Diálogo: Converse com o monstro, o perseguidor ou a figura ameaçadora. Pergunte o que ele representa, o que ele quer, por que ele está ali, qual a mensagem que ele tem para você. Muitas vezes, a figura assustadora é uma representação simbólica de um medo, um trauma ou um aspecto reprimido da sua personalidade.

Transformação: Use seu poder onírico para transformar o elemento assustador em algo positivo ou inofensivo. Você pode transformar um monstro em um animal de estimação, um perseguidor em um amigo, uma situação ameaçadora em uma situação segura. Use sua imaginação e criatividade para encontrar a melhor forma de transformar o pesadelo.

Reenquadramento: Mude sua perspectiva sobre o pesadelo. Veja-o como um desafio, uma oportunidade de aprendizado, uma mensagem do seu inconsciente.

Em vez de se sentir vítima, sinta-se como um herói que enfrenta e supera seus medos.

Criação de um Final Positivo: Dê ao pesadelo um final positivo. Imagine-se superando o medo, resolvendo o conflito, alcançando um objetivo ou encontrando um lugar seguro e feliz.

Integração: Ao acordar, reflita sobre o significado, bem como sobre as emoções que surgiram.

Exemplo:

Você está tendo um pesadelo recorrente em que é perseguido por um monstro. Ao se tornar lúcido, você estabiliza o sonho, respira fundo e decide enfrentar o monstro. Você se aproxima dele e pergunta: "Quem é você? O que você quer?". O monstro responde: "Eu sou seu medo do fracasso". Você então usa seu poder onírico para transformar o monstro em um pequeno filhote de cachorro. Você acaricia o filhote e diz: "Eu não tenho medo de você. Eu aceito meus erros e aprendo com eles". O pesadelo se transforma em um sonho agradável, em que você brinca com o filhote em um parque ensolarado.

Ao transformar pesadelos em sonhos positivos, você não apenas alivia o sofrimento causado por esses sonhos, mas também aprende a lidar com seus medos e inseguranças de forma mais eficaz em sua vida desperta. A prática regular dessa técnica pode levar a uma maior autoconfiança, resiliência emocional e bem-estar psicológico.

Capítulo 29
Cura Emocional

As emoções humanas, quando não compreendidas ou processadas, podem criar bloqueios profundos que afetam a maneira como uma pessoa vive, se relaciona e enxerga a si mesma. Traumas passados, medos inconscientes e padrões de pensamento negativos muitas vezes se manifestam de forma sutil na vida desperta, moldando comportamentos e limitando o crescimento pessoal. No entanto, o subconsciente guarda não apenas as feridas emocionais, mas também os meios para curá-las. Os sonhos lúcidos oferecem um acesso privilegiado a esse universo interno, permitindo que a pessoa entre em contato direto com suas emoções reprimidas, modifique narrativas traumáticas e experimente novas formas de lidar com suas dores. Diferente do estado de vigília, em que a mente consciente muitas vezes impõe barreiras à introspecção, os sonhos lúcidos criam um ambiente maleável e seguro para a autoexploração, no qual o sonhador pode revisitar eventos do passado, dialogar com aspectos de sua própria psique e transformar sua percepção sobre experiências difíceis.

A principal vantagem de utilizar sonhos lúcidos para a cura emocional está na possibilidade de recriar e ressignificar experiências de maneira ativa. Em um estado de lucidez dentro do sonho, o indivíduo não apenas revive memórias emocionais intensas, mas também pode interagir conscientemente com elas, modificando elementos, mudando desfechos e experimentando diferentes reações. Se uma lembrança dolorosa do passado ainda causa sofrimento, o sonhador pode voltar a esse momento dentro do sonho lúcido, mas agora como uma versão mais forte e consciente de si mesmo, capaz de oferecer apoio à própria criança interior, confrontar figuras simbólicas associadas ao trauma ou até mesmo substituir uma situação de medo e impotência por um cenário de empoderamento e resolução. Esse tipo de prática não altera os fatos da vida real, mas permite que a mente processe essas memórias de uma maneira menos dolorosa, reduzindo sua carga emocional e promovendo a cura de dentro para fora.

    Além do trabalho com traumas passados, os sonhos lúcidos possibilitam a integração de diferentes aspectos da personalidade, especialmente aqueles que foram reprimidos ou negados ao longo da vida. Na psicologia analítica, Carl Jung descreve a "sombra" como a parte do inconsciente onde residem desejos, impulsos e características que o indivíduo não aceita em si mesmo. Em muitos casos, essa sombra se manifesta nos sonhos por meio de figuras assustadoras ou hostis, refletindo os medos e conflitos internos da pessoa. No entanto, ao invés de evitar ou combater esses elementos, o sonhador lúcido tem a oportunidade de confrontá-los e compreendê-los. O que antes parecia uma ameaça pode revelar-se uma parte essencial da personalidade que precisa ser acolhida e integrada. Esse processo de aceitação permite uma maior autenticidade na vida desperta, reduzindo a necessidade de máscaras sociais e promovendo um senso mais profundo de equilíbrio emocional. Dessa forma, ao utilizar os sonhos lúcidos como ferramenta de autoconhecimento, a pessoa pode transformar sua relação com suas emoções, superar barreiras internas e construir um estado de bem-estar mais sólido e duradouro.

A vantagem de usar sonhos lúcidos para a cura emocional é que, neles, podemos acessar diretamente o nosso subconsciente, onde muitas dessas questões estão enraizadas. Podemos dialogar com as partes de nós mesmos que estão feridas, expressar emoções reprimidas, reescrever narrativas traumáticas e experimentar novas formas de ser e de se relacionar.

É importante ressaltar, mais uma vez, que a cura emocional em sonhos lúcidos não substitui a terapia convencional. Se você está lidando com traumas graves ou transtornos mentais, é fundamental buscar a ajuda de um profissional de saúde mental. No entanto, a prática da lucidez onírica pode ser um complemento valioso ao tratamento tradicional, acelerando o processo de cura e proporcionando insights profundos.

Exercícios Práticos para Cura Emocional:

Reencontro com a Criança Interior:

Objetivo: Reconectar-se com sua criança interior, curar feridas emocionais da infância, nutrir sua criança interior e resgatar a alegria, a espontaneidade e a criatividade.

Passo a passo:

Incubação do Sonho: Antes de dormir, concentre-se na intenção de se encontrar com sua criança interior em um sonho lúcido. Visualize-se abraçando e confortando sua criança interior.

Indução da Lucidez: Utilize as técnicas de indução de sonhos lúcidos.

Criação do Cenário: Crie um cenário seguro e acolhedor para o encontro, como um parque, um jardim, uma praia ou a casa da sua infância.

Invocação da Criança Interior: Chame pela sua criança interior, visualize-a aparecendo e aproxime-se dela com amor e compaixão.

Diálogo e Cura: Converse com sua criança interior. Pergunte como ela está se sentindo, o que ela precisa, do que ela tem medo. Ouça atentamente, valide suas emoções, ofereça amor, apoio e segurança. Abrace-a, brinque com ela, diga que você a ama e que está ali para protegê-la.

Integração: Ao acordar, reflita sobre a experiência e como você pode integrar as necessidades e os insights da sua criança interior em sua vida desperta.

Diálogo com a Sombra:

Objetivo: Reconhecer e integrar seus aspectos sombrios (aqueles aspectos da sua personalidade que você rejeita, reprime ou teme), transformar padrões de comportamento negativos e promover o autoconhecimento.

Passo a passo:

Incubação do Sonho: Antes de dormir, concentre-se na intenção de se encontrar com sua sombra em um sonho lúcido.

Indução da Lucidez: Utilize as técnicas de indução de sonhos lúcidos.

Criação do Cenário: Crie um cenário que represente simbolicamente seu inconsciente, como uma caverna escura, uma floresta densa ou um porão.

Invocação da Sombra: Chame pela sua sombra. Ela pode se manifestar como um monstro, um animal, uma pessoa assustadora ou qualquer outra figura que represente seus medos, seus defeitos ou seus impulsos reprimidos.

Diálogo e Integração: Converse com sua sombra. Pergunte o que ela representa, por que ela está ali, o que ela quer lhe ensinar. Não a julgue nem a rejeite. Tente compreendê-la e aceitá-la como parte de você. Ofereça-lhe compaixão e amor. Você pode até mesmo tentar abraçá-la ou fundir-se com ela, simbolizando a integração da sombra.

Integração: Reflita em como integrar sua sombra.

Resolução de Conflitos:

Objetivo: Resolver conflitos interpessoais (com parceiros, familiares, amigos, colegas de trabalho) ou conflitos internos (entre diferentes partes de si mesmo).

Passo a passo:

Incubação do Sonho: Antes de dormir, concentre-se na intenção de resolver o conflito em um sonho lúcido. Visualize-se dialogando com a pessoa (ou com a parte de si mesmo) com quem você tem o conflito.

Indução da Lucidez: Utilize as técnicas de indução.

Criação do Cenário: Crie um cenário neutro e seguro para o diálogo.

Invocação da Pessoa/Parte: Chame a pessoa (ou a parte de si mesmo) com quem você tem o conflito.

Diálogo e Resolução: Converse com a pessoa (ou parte de si mesmo) de forma aberta e honesta. Expresse seus sentimentos, ouça o ponto de vista do outro, busque um entendimento mútuo e encontre uma solução para o conflito.

Integração: Reflita sobre as resoluções.

Reescrita de Traumas:

Objetivo: Ressignificar experiências traumáticas do passado, reduzir o impacto emocional negativo e promover a cura.

Passo a Passo:

Incubação: Tenha a intenção de revisitar a situação em seu sonho.

Indução da Lucidez: Use tecnicas para induzir a lucidez.

Recriação: Recrie o cenário e o evento, e mude o que for necessário para ressignificar o trauma.

Integração: Ao acordar reflita no que a experiencia pode te ensinar.

Estes são apenas alguns exemplos de exercícios de cura emocional que podem ser realizados em sonhos lúcidos. Com prática, criatividade e a orientação adequada (se necessário), você poderá usar essa ferramenta poderosa para transformar sua vida emocional, superar seus desafios e alcançar um maior bem-estar.

Capítulo 30
Viagens Compartilhadas

A possibilidade de compartilhar um mesmo sonho com outra pessoa desperta curiosidade e fascínio, desafiando os limites da experiência onírica e da consciência humana. Relatos ao longo da história sugerem que, em certas circunstâncias, indivíduos podem acessar um ambiente onírico comum, interagir conscientemente dentro dele e, ao despertar, lembrar-se dos mesmos detalhes com surpreendente precisão. Embora a ciência ainda não tenha encontrado evidências definitivas para comprovar esse fenômeno, o número de testemunhos e padrões recorrentes sugere que os sonhos compartilhados podem ser mais do que simples coincidências. Para aqueles que exploram o potencial dos sonhos lúcidos, essa possibilidade representa um campo vasto para experimentação, autoconhecimento e aprofundamento da conexão com outras mentes. Se os sonhos podem ser moldados pela intenção, pela expectativa e pelo treinamento, então a construção de um espaço onírico comum pode estar ao alcance daqueles que dedicam tempo e disciplina a essa prática.

A ideia de um encontro consciente no mundo dos sonhos não é nova. Muitas tradições espirituais ao redor do mundo descrevem práticas nas quais xamãs, monges ou grupos inteiros acessavam estados de sonho coletivos para compartilhar visões, receber ensinamentos ou realizar rituais. Além disso, teorias como a do inconsciente coletivo de Carl Jung sugerem que existe uma camada profunda da psique humana na qual arquétipos e símbolos universais se manifestam, criando um terreno comum onde as mentes podem se conectar. Algumas experiências registradas indicam que pessoas com fortes laços emocionais, como gêmeos, parceiros românticos ou amigos próximos, têm maior probabilidade de relatar sonhos interligados. Isso sugere que a empatia, a sintonia mental e a intenção mútua podem ser fatores decisivos na manifestação desse fenômeno. Mesmo que os sonhos compartilhados ainda não sejam totalmente compreendidos, a investigação sobre eles abre caminhos para reflexões sobre os limites da consciência, a natureza da realidade e o potencial inexplorado da mente humana.

 Para aqueles que desejam experimentar sonhos compartilhados, algumas abordagens podem aumentar suas chances de sucesso. Estabelecer uma intenção clara antes de dormir, visualizar um ponto de encontro específico e combinar um sinal de reconhecimento são estratégias que podem ajudar a orientar a experiência onírica. Práticas como a incubação de sonhos, a sincronização dos ciclos de sono e o desenvolvimento da lucidez são fundamentais para criar um ambiente mental propício ao encontro dentro do sonho. Além disso, manter um diário de sonhos detalhado e comparar anotações com o parceiro pode fornecer indícios valiosos sobre possíveis conexões. Ainda que os resultados não sejam imediatos, a tentativa de explorar os sonhos compartilhados por meio da experimentação consciente pode fortalecer a percepção onírica, aprofundar o vínculo entre os praticantes e ampliar a compreensão sobre os mistérios da mente e da existência. Sejam reais no sentido físico ou apenas uma construção subjetiva do inconsciente, essas experiências abrem portas para novas formas de interação e descoberta dentro do vasto território dos sonhos.

A ideia de que os sonhos podem ser um espaço de encontro e interação entre as mentes é fascinante e tem sido explorada em diversas culturas e tradições espirituais ao longo da história. Na ficção científica, os sonhos compartilhados também são um tema recorrente, retratados em filmes como "A Origem" ("Inception") e "O Segredo do Abismo" ("The Abyss").

Exploração do Fenômeno:

Apesar da falta de comprovação científica, os relatos de sonhos compartilhados apresentam algumas características comuns:

Encontro Planejado: As pessoas que compartilham o sonho geralmente combinam previamente a intenção de se encontrar no mundo onírico. Elas podem definir um horário, um local de encontro (real ou imaginário) e um sinal de reconhecimento.

Interação Consciente: Dentro do sonho, as pessoas se reconhecem, conversam, interagem e, em alguns casos, até mesmo colaboram para realizar tarefas ou resolver problemas.

Corroboração Posterior: Ao acordar, as pessoas relatam a experiência, comparam suas lembranças e descobrem que compartilharam elementos significativos do sonho, como o cenário, os personagens, os eventos e as emoções.

Sensação de Realidade: Os sonhos compartilhados costumam ser descritos como experiências muito vívidas e realistas, com uma forte sensação de presença e interação.

Teorias:

Existem várias teorias que tentam explicar o fenômeno dos sonhos compartilhados:

Coincidência: Céticos argumentam que os sonhos compartilhados são apenas coincidências. As pessoas podem ter sonhos semelhantes devido a experiências de vida em comum, influências culturais, ou simplesmente por acaso. A corroboração posterior seria resultado de sugestão, memória seletiva e tendência a encontrar padrões onde eles não existem.

Telepatia: Defensores da telepatia onírica acreditam que as mentes podem se comunicar diretamente durante o sono, transmitindo informações, emoções e imagens de uma pessoa para outra. Essa comunicação telepática criaria a experiência de um sonho compartilhado.

Inconsciente Coletivo: A teoria do inconsciente coletivo de Carl Jung sugere que existe uma camada profunda da psique que é compartilhada por todos os seres humanos, contendo arquétipos, símbolos e padrões universais. Os sonhos compartilhados poderiam ser uma manifestação do inconsciente coletivo, um encontro de mentes nesse nível mais profundo.

Realidades Paralelas: Algumas teorias mais especulativas sugerem que, durante o sono, a consciência pode se deslocar para outras dimensões ou realidades paralelas, onde o encontro com outras pessoas seria possível.

Técnicas para Sonhos Compartilhados:

Embora não haja garantia de sucesso, existem algumas técnicas que podem aumentar a probabilidade de ter um sonho compartilhado:

Escolha do Parceiro: Escolha um parceiro com quem você tenha um forte vínculo emocional, confiança e afinidade. A conexão entre as pessoas parece ser um fator importante para o sucesso dos sonhos compartilhados.

Intenção Compartilhada: Conversem sobre a intenção de ter um sonho compartilhado. Definam um horário para dormir, um local de encontro no sonho (um lugar real ou imaginário) e um sinal de reconhecimento (uma palavra, um gesto, um objeto).

Incubação do Sonho (Revisão): Antes de dormir, pratiquem a técnica de incubação de sonhos (detalhada no Capítulo 20), focando na intenção de se encontrar no sonho. Visualizem-se encontrando-se no local combinado, interagindo e realizando alguma atividade juntos.

Técnicas de Indução de Lucidez: Pratiquem técnicas de indução de sonhos lúcidos (MILD, WILD, WBTB, testes de realidade, etc.). A lucidez aumenta o controle sobre a experiência onírica e facilita o encontro com o parceiro.

Registro e Comparação: Ao acordar, anotem imediatamente seus sonhos em seus diários, sem conversar um com o outro. Em seguida, comparem suas anotações, buscando por semelhanças, elementos em comum e sinais de que vocês podem ter compartilhado o mesmo sonho.

Sincronização do Sono: Tentem sincronizar seus ciclos de sono, indo dormir e acordando nos mesmos horários. Isso pode aumentar a probabilidade de vocês entrarem em sono REM ao mesmo tempo.

Realidade compartilhada: Conversem com frequência, estabeleçam acordos.

Tecnologia: Existe no mercado, protótipos e modelos a venda que prometem facilitar sonhos lúcidos e compartilhados.

É importante ressaltar que a prática de sonhos compartilhados é experimental e os resultados podem variar muito. Não desanime se você não tiver sucesso nas primeiras tentativas. Continue praticando, mantendo uma mente aberta e registrando suas experiências. Mesmo que você não consiga comprovar a ocorrência de um sonho compartilhado, a prática em si pode fortalecer o vínculo entre você e seu parceiro, aumentar sua consciência onírica e proporcionar experiências fascinantes.

Capítulo 31
Autotranscendência

A autotranscendência é um fenômeno inerente à experiência humana, caracterizado pela superação dos limites do ego e pela busca de uma conexão mais ampla com o universo. Essa jornada de expansão da consciência tem sido explorada por diversas culturas ao longo da história, utilizando-se de rituais, práticas espirituais e técnicas meditativas para alcançar estados alterados de percepção. Entre os métodos mais eficazes para esse propósito, os sonhos lúcidos emergem como uma ferramenta poderosa, permitindo que o indivíduo transcenda a realidade cotidiana e adentre dimensões simbólicas e espirituais. Através do despertar da consciência dentro do próprio sonho, torna-se possível vivenciar experiências de unidade, êxtase e compreensão profunda, promovendo insights transformadores que ressoam na vida desperta.

O domínio dos sonhos lúcidos oferece a possibilidade de explorar territórios além dos limites físicos e psicológicos impostos pela vigília. Dentro desse estado de consciência expandida, o sonhador adquire liberdade absoluta para interagir com arquétipos, acessar memórias subconscientes e experimentar realidades que desafiam as leis da lógica e da física. Muitos relatos indicam que, ao utilizar os sonhos lúcidos para fins espirituais, indivíduos encontram guias, mestres ou símbolos de sabedoria que lhes transmitem ensinamentos e direcionamentos valiosos para sua evolução pessoal. Essa experiência não apenas fortalece a intuição e a percepção da realidade como também proporciona um senso de pertencimento ao todo, dissolvendo a ilusão da separação entre o "eu" e o universo.

Para alcançar a autotranscendência por meio dos sonhos lúcidos, é essencial desenvolver uma prática intencional que envolva técnicas de indução, visualização e entrega ao processo onírico. Estabelecer um propósito antes de adormecer, seja ele a busca por respostas espirituais, o encontro com entidades de luz ou a imersão em estados de êxtase e iluminação, direciona o inconsciente a criar experiências alinhadas com essas aspirações. Além disso, a prática da meditação dentro do sonho pode potencializar a profundidade dessas vivências, levando a uma conexão direta com estados de consciência ampliados. A integração dessas experiências na vida desperta, por meio da reflexão e da aplicação dos insights adquiridos, transforma a jornada onírica em um poderoso catalisador de crescimento espiritual e autoconhecimento.

Os sonhos lúcidos, com sua capacidade de expandir a consciência e proporcionar experiências que desafiam as leis da física e da lógica, também podem ser utilizados como uma ferramenta para a autotranscendência e a exploração espiritual. Ao se tornar consciente dentro do sonho, o sonhador ganha a liberdade de explorar o mundo onírico sem as limitações do corpo físico e das crenças limitantes, abrindo caminho para experiências que podem ter um profundo impacto em sua visão de mundo, seus valores e seu senso de propósito.

Como Usar Sonhos Lúcidos para a Autotranscendência:

Intenção Espiritual: Antes de dormir, defina a intenção de usar o sonho lúcido para fins espirituais ou transcendentais. Você pode pedir para ter uma experiência de unidade com o universo, para encontrar seu guia espiritual, para receber uma revelação divina, para explorar outras dimensões da realidade ou para qualquer outro objetivo que esteja alinhado com sua busca espiritual.

Incubação do Sonho (Revisão): Utilize a técnica de incubação de sonhos (detalhada no Capítulo 20) para direcionar o conteúdo do seu sonho. Concentre-se intensamente na sua intenção, visualize-se tendo a experiência desejada e repita uma frase que expresse seu objetivo.

Indução da Lucidez: Utilize as técnicas de indução de sonhos lúcidos (MILD, WILD, WBTB, testes de realidade, etc.) para aumentar suas chances de se tornar consciente dentro do sonho.

Exploração do Infinito: Assim que se tornar lúcido, explore as possibilidades ilimitadas do mundo onírico. Voe pelos céus, atravesse paredes, mergulhe nas profundezas do oceano, viaje para outros planetas, explore outras dimensões. Deixe-se guiar pela sua intuição e curiosidade.

Encontro com o Divino: Busque o encontro com figuras divinas, seres de luz, mestres espirituais, anjos, deuses ou qualquer outra entidade que represente o sagrado para você. Converse com essas figuras, peça orientação, receba ensinamentos, sinta a energia de amor e sabedoria que emana delas.

Meditação no Sonho: Encontre um lugar tranquilo dentro do sonho e pratique a meditação. A meditação em um sonho lúcido pode ser extremamente poderosa, levando a estados de consciência expandida, êxtase e união com o todo.

Visualização Criativa: Use seu poder onírico para criar símbolos e metáforas que representem sua jornada espiritual. Visualize-se superando obstáculos, alcançando a iluminação, unindo-se ao universo, ou qualquer outra imagem que ressoe com você.

Entrega e Confiança: Entregue-se à experiência, confie na sabedoria do seu inconsciente e permita que o sonho o guie. Não tente controlar tudo. Deixe-se levar pela correnteza do sonho, aberto às surpresas e revelações.

Integração: Ao acordar, anote os detalhes do seu sonho em seu diário, incluindo as emoções, os insights, os símbolos e as mensagens que você recebeu. Reflita sobre o significado da experiência e como você pode integrar esses aprendizados em sua vida desperta.

Experiências Transcendentais Comuns em Sonhos Lúcidos:

Sensação de Unidade: Perder a noção dos limites do ego e sentir-se uno com o universo, com a natureza, com todas as coisas.

Êxtase: Experimentar um estado de alegria, amor e bem-aventurança intensos, que transcende a experiência ordinária.

Luz e Energia: Perceber uma luz branca ou dourada, sentir uma energia poderosa fluindo através do corpo.

Encontros com Seres de Luz: Conversar com anjos, guias espirituais, mestres ascensionados ou outras entidades luminosas.

Viagens a Outros Mundos: Explorar outras dimensões, planetas, universos paralelos ou reinos espirituais.

Revelações e Insights: Receber mensagens, ensinamentos ou revelações sobre a natureza da realidade, o propósito da vida ou o caminho espiritual.

Morte e Renascimento: Experimentar a morte simbólica do ego e o renascimento em um novo estado de consciência.

A prática da autotranscendência em sonhos lúcidos é uma jornada profunda e pessoal, que pode levar a transformações significativas na vida do sonhador. Ao combinar a intenção espiritual com as técnicas de indução e controle dos sonhos lúcidos, você pode abrir um portal para experiências que expandem sua consciência, aprofundam sua conexão com o divino e o aproximam da sua verdadeira natureza.

Capítulo 32
Maestria Onírica

O domínio absoluto do mundo onírico representa um dos maiores feitos na jornada dos sonhos lúcidos. Quando o sonhador atinge a maestria onírica, ele transcende as limitações impostas pelo inconsciente e adquire um nível de controle extraordinário sobre seus sonhos. Essa habilidade permite que se molde a realidade onírica com a mesma facilidade com que se imagina um cenário na mente desperta. O sonhador passa a manipular ambientes, criar personagens complexos, alterar as leis da física e explorar os limites da própria consciência. Mais do que um exercício de controle, essa jornada representa uma profunda imersão no autoconhecimento e na criatividade, proporcionando experiências transformadoras que desafiam as noções convencionais de realidade.

O caminho para essa maestria não é imediato. Assim como qualquer habilidade avançada, exige prática contínua, experimentação e um refinamento progressivo da percepção dentro do estado onírico. No início, o sonhador pode experimentar dificuldades para manter a estabilidade do sonho ou para realizar mudanças intencionais no ambiente. No entanto, à medida que desenvolve maior familiaridade com esse espaço de criação ilimitada, ele percebe que sua própria crença na possibilidade do controle é o fator determinante para o sucesso. A confiança e a clareza de intenção tornam-se os pilares da maestria onírica. Quanto mais forte for a convicção de que é possível moldar o sonho conforme a vontade, mais fácil se torna manipular cada aspecto dessa realidade maleável.

Explorar o mundo dos sonhos lúcidos com plena consciência não apenas amplia os limites da experiência humana, mas também permite que o sonhador desenvolva uma conexão mais profunda com seu próprio subconsciente. Por meio da criação deliberada de cenários, personagens e eventos, torna-se possível acessar memórias ocultas, enfrentar medos simbólicos e até mesmo obter insights valiosos sobre questões da vida desperta. A interatividade com os elementos oníricos assume um novo significado quando o sonhador percebe que tudo dentro desse universo responde ao seu estado mental e emocional. Essa percepção fortalece a ideia de que, assim como nos sonhos, a realidade desperta também pode ser influenciada por crenças, intenções e perspectivas. Dessa forma, a maestria onírica não se limita ao ambiente do sono; ela reverbera na vida cotidiana, tornando-se uma ferramenta poderosa de transformação pessoal.

A maestria onírica não é um estado que se alcança da noite para o dia. É o resultado de anos de prática, dedicação, autoconhecimento e exploração do mundo dos sonhos. No entanto, existem exercícios avançados que podem acelerar o desenvolvimento dessa habilidade e levar o sonhador a níveis de controle e consciência cada vez maiores.

Exercícios Avançados para Manipulação do Ambiente:

Criação Instantânea: Em vez de construir o cenário passo a passo (como sugerido no Capítulo 20), tente criar o ambiente instantaneamente, com um simples pensamento ou comando verbal. Por exemplo, diga: "Que apareça uma cidade futurista agora!" ou simplesmente pense na imagem da cidade e visualize-a se materializando à sua frente.

Transformação em Larga Escala: Em vez de modificar apenas um objeto ou uma pequena área do sonho, tente transformar todo o cenário de uma só vez. Por exemplo, transforme uma floresta em um deserto, uma cidade em um oceano, um dia ensolarado em uma noite estrelada.

Controle do Tempo: Manipule o tempo no sonho. Acelere, desacelere, pare, inverta ou avance o tempo. Observe as mudanças no ambiente e nos personagens à medida que você altera o fluxo temporal.

Controle da Gravidade: Desafie as leis da gravidade. Voe livremente, flutue, caminhe pelas paredes ou pelo teto, faça objetos levitarem, crie zonas de gravidade zero ou de gravidade invertida.

Teletransporte: Teletransporte-se instantaneamente para outros lugares dentro do sonho. Pense em um lugar (real ou imaginário) e visualize-se aparecendo lá instantaneamente.

Criação de Objetos Complexos: Crie objetos complexos e detalhados, como máquinas, veículos, obras de arte, instrumentos musicais, dispositivos tecnológicos. Explore esses objetos, manipule-os, use-os para interagir com o ambiente.

Criação de Personagens: Crie personagens com características físicas, personalidades e histórias detalhadas. Converse com esses personagens, interaja com eles, observe como eles se comportam.

Fusão com o Ambiente: Experimente a sensação de se fundir com o ambiente onírico. Imagine que você se torna a água do oceano, o vento que sopra nas árvores, a luz do sol, a terra sob seus pés. Essa técnica pode levar a experiências de unidade e transcendência do ego.

Manipulação da Própria Forma: Altere a forma do seu próprio corpo onírico. Transforme-se em um animal, em um ser mitológico, em um objeto, em energia pura. Experimente diferentes formas e sensações.

Sonhos Dentro de Sonhos: Crie sonhos dentro de sonhos. Entre em um novo sonho a partir do seu sonho lúcido atual. Explore os diferentes níveis de realidade onírica. Essa técnica pode ser desafiadora, mas também pode levar a insights profundos sobre a natureza da consciência e da realidade.

Quebra da Quarta Parede: Converse diretamente com o "sonho" em si, como se ele fosse uma entidade consciente. Faça perguntas, peça conselhos, agradeça pela experiência.

Manipulação da Narrativa: Assuma o papel de narrador do sonho, controlando não apenas o ambiente e os personagens, mas também a história em si. Crie reviravoltas, introduza novos elementos, altere o gênero do sonho (de aventura para romance, de comédia para terror).

Dicas para a Maestria Onírica:

Prática Regular: A maestria onírica requer prática regular e consistente. Dedique tempo aos sonhos lúcidos, pratique as técnicas de indução, explore o ambiente onírico, experimente diferentes formas de controle.

Confiança: Acredite na sua capacidade de controlar o sonho. A confiança é um fator crucial para o sucesso. Se você duvidar de si mesmo, será mais difícil realizar seus desejos oníricos.

Intenção Clara: Tenha uma intenção clara do que você quer fazer ou experimentar no sonho. Quanto mais específica for sua intenção, mais fácil será realizá-la.

Criatividade: Use sua imaginação e criatividade para explorar as possibilidades ilimitadas do mundo onírico. Não tenha medo de experimentar coisas novas e desafiadoras.

Autoconhecimento: Quanto mais você se conhecer, mais fácil será controlar seus sonhos. Explore seu subconsciente, seus medos, seus desejos, seus padrões de pensamento.

Paciência: A maestria onírica é um processo gradual. Não desanime se você não obtiver resultados imediatos. Continue praticando, aprendendo e explorando.

A maestria onírica é uma jornada fascinante e transformadora, que pode levar a experiências incríveis e a um profundo autoconhecimento. Ao dominar a arte de controlar seus sonhos, você estará abrindo um portal para um universo de possibilidades ilimitadas, onde você é o criador da sua própria realidade.

Capítulo 33
Diários Avançados

A prática do registro avançado de sonhos transcende a simples anotação de eventos oníricos, tornando-se um processo profundo de autodescoberta e exploração da mente inconsciente. Um diário de sonhos refinado não apenas permite a identificação de padrões recorrentes e aprimora a capacidade de indução de sonhos lúcidos, mas também se transforma em um instrumento poderoso para compreender as mensagens simbólicas transmitidas pelo subconsciente. A riqueza dos detalhes registrados amplia a percepção sobre os estados emocionais, os arquétipos manifestados e as conexões entre os sonhos e a vida desperta, possibilitando um mapeamento consistente da evolução psicológica e espiritual do sonhador.

Aprofundar a técnica do diário exige um comprometimento consciente com a precisão do registro. Cada detalhe sensorial do sonho – cores, texturas, sons, temperaturas e até mesmo sensações táteis – deve ser descrito com o máximo de fidelidade. Essa riqueza de informações permite reconstruir o sonho com maior clareza ao relê-lo, facilitando a análise de suas nuances e a identificação de gatilhos que podem auxiliar na indução de sonhos lúcidos futuros. Além disso, a inclusão de aspectos emocionais detalhados possibilita uma compreensão mais abrangente das reações internas ao conteúdo onírico, revelando aspectos profundos da psique que, muitas vezes, passam despercebidos na vigília.

Mais do que um simples repositório de experiências noturnas, um diário avançado de sonhos pode se tornar um verdadeiro laboratório experimental para testar técnicas de indução, manipulação onírica e exploração do inconsciente. Ao revisar regularmente os registros, padrões ocultos emergem, permitindo que o sonhador compreenda melhor os temas centrais que permeiam sua vida psíquica. O estudo comparativo de sonhos ao longo do tempo pode revelar a progressão de um processo interno de transformação, trazendo insights valiosos sobre desafios pessoais, evolução espiritual e a interação entre o mundo interno e externo. Dessa forma, o diário se transforma em um portal para a autotranscendência, promovendo não apenas um maior domínio sobre os sonhos, mas também um profundo impacto na vida desperta.

Técnicas Avançadas de Registro:

Registro Multissensorial Detalhado: Além de descrever o enredo do sonho, registre minuciosamente *todos* os detalhes sensoriais, mesmo aqueles que parecem insignificantes:

Visuais: Cores (tonalidades específicas, brilho, contraste), formas (geométricas, orgânicas, abstratas), texturas (liso, áspero, macio, rugoso), luz e sombra (intensidade, direção, fontes de luz), movimento (velocidade, direção, ritmo).

Auditivos: Sons (volume, tom, timbre), músicas (melodia, ritmo, instrumentos), vozes (tom, sotaque, emoção), ruídos (natureza, máquinas, multidões).

Táteis: Texturas (quente, frio, úmido, seco), pressão, peso, dor, prazer.

Olfativos: Cheiros (agradáveis, desagradáveis, familiares, desconhecidos), aromas (flores, comida, perfumes).

Gustativos: Sabores (doce, salgado, amargo, azedo, picante), texturas (cremoso, crocante, líquido).

Cinestésicos: Sensações de movimento (voar, cair, girar, correr), equilíbrio, propriocepção (percepção da posição do corpo no espaço).

Registro Emocional Profundo: Explore a fundo as emoções sentidas durante o sonho. Não se limite a rótulos genéricos como "feliz", "triste" ou "com medo". Use palavras mais precisas e descritivas:

Em vez de "feliz", use "eufórico", "alegre", "sereno", "grato", "extasiado".

Em vez de "triste", use "melancólico", "desesperançado", "angustiado", "desamparado".

Em vez de "com medo", use "aterrorizado", "ansioso", "apreensivo", "inquieto".

Anote também as *variações* de intensidade das emoções ao longo do sonho. Uma emoção pode começar fraca e se intensificar, ou vice-versa.

Registro de Pensamentos e Diálogos: Anote *todos* os pensamentos que você teve durante o sonho, mesmo que pareçam irrelevantes ou desconexos. Anote também os diálogos, da forma mais completa possível, incluindo o tom de voz, a linguagem corporal e as emoções dos interlocutores.

Desenhos e Diagramas Detalhados: Use desenhos, diagramas, mapas, gráficos ou qualquer outro recurso visual para complementar o registro escrito. Não se preocupe com a qualidade artística; o objetivo é capturar a essência da experiência onírica.

Símbolos e Metáforas (Interpretação Imediata): Ao lado do registro do sonho, anote *imediatamente* suas impressões e associações sobre os símbolos e metáforas que apareceram. Qual o significado *pessoal* desses símbolos para você? O que eles representam em sua vida? Essa interpretação imediata, feita antes que a mente racional tome conta, pode ser muito reveladora.

Gravação de Áudio: Se você tiver dificuldade para escrever ao acordar, use um gravador de áudio para registrar seus sonhos. A gravação pode capturar nuances da sua voz, como emoção e hesitação, que podem ser perdidas no registro escrito.

Técnicas Avançadas de Análise:

Análise Longitudinal: Analise seu diário de sonhos em uma perspectiva longitudinal, buscando padrões, temas e símbolos que se repetem ao longo de *meses* ou *anos*. Essa análise pode revelar questões profundas do seu inconsciente, que estão sendo trabalhadas em um nível mais sutil.

Análise Comparativa: Compare seus sonhos com os sonhos de outras pessoas (parceiros de sonhos lúcidos, amigos, familiares, ou relatos em livros e artigos). Essa comparação pode trazer insights sobre a natureza dos sonhos e sobre sua própria experiência onírica.

Análise Arquetípica (Jung): Utilize os conceitos da psicologia junguiana (arquétipos, sombra, anima/animus, inconsciente coletivo) para interpretar seus sonhos. Busque por símbolos universais e padrões de comportamento que se manifestam em seus sonhos.

Análise de Conteúdo: Utilize técnicas de análise de conteúdo para identificar a frequência de palavras, temas, emoções e personagens em seus sonhos. Essa análise quantitativa pode complementar a análise qualitativa e revelar padrões que podem passar despercebidos.

Utilize ferramentas de informática para fazer a análise.

Correlação com Eventos da Vida: Tente correlacionar os temas e as emoções dos seus sonhos com eventos da sua vida desperta. Seus sonhos refletem suas preocupações, seus desejos, seus medos, seus conflitos? Há alguma relação entre seus sonhos e seus relacionamentos, seu trabalho, sua saúde, sua espiritualidade?

Experimentação Onírica: Use seu diário de sonhos como um laboratório de experimentação. Anote as técnicas de indução que você utiliza, os resultados que você obtém, os experimentos que você realiza em seus sonhos lúcidos (como tentar voar, mudar de cenário, conversar com personagens).

Planejamento de Sonhos Lúcidos: Use seu diário para planejar seus próximos sonhos lúcidos. Defina intenções, visualize cenários, prepare perguntas para fazer aos personagens oníricos.

O diário de sonhos avançado se torna um espelho da sua alma, um mapa do seu inconsciente e um guia para sua jornada de autodescoberta. Ao aprofundar o uso dessa ferramenta, você estará abrindo um canal de comunicação direto com a parte mais profunda e sábia de você mesmo, acessando insights que podem transformar sua vida.

Capítulo 34
Além de Sonhar

A jornada dos sonhos lúcidos não termina ao despertar; pelo contrário, ela continua a se desdobrar na vida desperta, influenciando a percepção, o comportamento e a forma como se interage com o mundo. As experiências vividas no mundo onírico carregam insights profundos sobre a psique, revelam aspectos ocultos da personalidade e oferecem oportunidades de aprendizado e transformação. Integrar esses conhecimentos ao cotidiano significa abrir um canal direto entre o consciente e o inconsciente, permitindo que o que foi descoberto no sonho se manifeste na realidade de maneira tangível e significativa. Esse processo de integração não apenas amplia a compreensão de si mesmo, mas também potencializa o desenvolvimento pessoal em diversas áreas, como a criatividade, a inteligência emocional e a resolução de problemas.

A aplicação prática das lições extraídas dos sonhos lúcidos pode ocorrer de diferentes formas. A autoanálise, baseada na reflexão sobre os eventos oníricos, permite que se identifiquem padrões emocionais e psicológicos que se repetem tanto no sonho quanto na vida desperta. Por meio desse processo, torna-se possível compreender melhor medos, desejos, limitações e potenciais inexplorados. Além disso, a prática da visualização consciente dos cenários e das emoções experimentadas no sonho pode servir como ferramenta para reforçar sentimentos positivos e facilitar a mudança de comportamentos limitantes. Ao resgatar e reviver mentalmente as sensações de empoderamento, liberdade e criatividade vivenciadas em um sonho lúcido, o sonhador fortalece sua capacidade de trazer essas qualidades para a vigília, transformando sua abordagem diante dos desafios diários.

Outro aspecto fundamental da integração dos sonhos lúcidos à vida cotidiana é a aplicação das habilidades desenvolvidas no estado onírico. Técnicas como o ensaio mental, em que o sonhador pratica determinada atividade dentro do sonho para aprimorá-la na vida desperta, podem ser extremamente eficazes para melhorar desempenhos físicos e cognitivos. Além disso, a flexibilidade da mente durante os sonhos lúcidos estimula a criatividade e a inovação, permitindo que novas ideias e soluções originais surjam com mais facilidade no estado de vigília. Quando se compreende que o mundo onírico não é um espaço isolado, mas sim um campo fértil para o crescimento e a autodescoberta, a experiência do sonhar se torna um recurso valioso para enriquecer a vida de forma profunda e transformadora.

Integrando os Insights Oníricos:

Reflexão e Autoanálise: Dedique tempo para refletir sobre seus sonhos lúcidos e sobre as mensagens que eles trazem. Use seu diário de sonhos como um guia, revisite as anotações, os desenhos, as interpretações. Pergunte-se:

O que esse sonho me ensinou sobre mim mesmo?

Quais aspectos da minha personalidade foram revelados ou explorados no sonho?

Quais emoções foram despertadas ou processadas no sonho?

Quais desafios foram enfrentados ou superados no sonho?

Quais insights ou soluções criativas surgiram no sonho?

Como posso aplicar esses aprendizados à minha vida desperta?

Ação Consciente: Transforme os insights oníricos em ações concretas em sua vida desperta. Se você superou um medo em um sonho lúcido, tente enfrentar esse medo na realidade, passo a passo. Se você recebeu um conselho de um guia onírico, tente colocá-lo em prática. Se você descobriu um novo talento ou habilidade no sonho, explore essa área em sua vida desperta.

Mudança de Comportamento: Use os sonhos lúcidos como um laboratório para experimentar novas formas de ser e de se relacionar. Se você praticou a assertividade em um sonho, tente ser mais assertivo em suas interações diárias. Se você experimentou a compaixão em um sonho, tente cultivar essa qualidade em sua vida desperta.

Resolução de Problemas: Aplique as soluções criativas que você encontrou em seus sonhos lúcidos aos problemas da sua vida real. Se você visualizou uma nova abordagem para um projeto no trabalho, tente implementá-la. Se você sonhou com uma forma de resolver um conflito com um amigo, tente conversar com ele usando essa nova perspectiva.

Expressão Criativa: Use os sonhos lúcidos como fonte de inspiração para sua expressão criativa. Se você sonhou com uma música, tente compô-la. Se você sonhou com uma pintura, tente pintá-la. Se você sonhou com uma história, tente escrevê-la.

Integrando as Emoções Oníricas:

Validação das Emoções: Reconheça e valide as emoções que você sentiu em seus sonhos lúcidos, mesmo que elas pareçam intensas ou desconfortáveis. As emoções oníricas são reais e podem fornecer pistas importantes sobre seu estado emocional.

Processamento Emocional: Se você experimentou emoções difíceis em um sonho lúcido (medo, tristeza, raiva, culpa), reserve um tempo para processá-las em sua vida desperta. Converse com um amigo, um terapeuta, escreva em seu diário, pratique a meditação ou use qualquer outra técnica que o ajude a lidar com essas emoções de forma saudável.

Cultivo de Emoções Positivas: Se você experimentou emoções positivas em um sonho lúcido (alegria, amor, gratidão, confiança), tente cultivar essas emoções em sua vida desperta. Lembre-se da sensação do sonho, visualize-se sentindo essas emoções novamente e procure oportunidades para expressá-las em suas interações diárias.

Integrando as Habilidades Oníricas:

Ensaio Mental: Use a técnica do ensaio mental (praticada em sonhos lúcidos) para aprimorar suas habilidades em sua vida desperta. Visualize-se realizando a atividade com perfeição, sentindo as mesmas emoções e sensações que você experimentou no sonho.

Atenção Plena (Mindfulness): A prática da atenção plena, cultivada na meditação e nos testes de realidade, pode ser aplicada em sua vida diária. Esteja presente no momento, observe seus pensamentos e emoções sem julgamento, preste atenção aos detalhes do seu ambiente.

Controle Emocional: As técnicas de controle emocional aprendidas em sonhos lúcidos (respiração consciente, afirmações positivas, distanciamento) podem ser usadas em situações desafiadoras da vida real.

Criatividade: A liberdade e a flexibilidade experimentadas nos sonhos lúcidos podem inspirar sua criatividade em sua vida desperta. Permita-se pensar fora da caixa, experimentar novas ideias, buscar soluções inovadoras.

A integração das experiências oníricas à vida desperta é um processo contínuo e gradual. Não espere mudanças radicais da noite para o dia. Seja paciente consigo mesmo, celebre cada pequeno progresso e continue explorando o potencial transformador dos seus sonhos. Ao construir essa ponte entre o mundo dos sonhos e a realidade cotidiana, você estará enriquecendo sua vida, expandindo sua consciência e trilhando um caminho de autoconhecimento e crescimento pessoal.

Epílogo

E agora que você chegou ao final desta jornada, pergunte-se: o que mudou?

Desde o momento em que iniciou esta leitura, você foi conduzido por um universo invisível a olho nu, mas tão real quanto qualquer outra experiência que já viveu. Cada capítulo revelou segredos sobre o mundo onírico, oferecendo técnicas, reflexões e conhecimentos capazes de transformar não apenas seus sonhos, mas também sua percepção da realidade desperta.

Mas o verdadeiro aprendizado não termina aqui. Muito pelo contrário: este é apenas o começo.

Você pode ter aprendido a identificar quando está sonhando. Pode ter compreendido como os testes de realidade funcionam. Pode até já ter experimentado a lucidez onírica, sentindo a excitação indescritível de perceber que está dentro de um sonho e de assumir o controle sobre ele. Mas há algo ainda mais profundo e transformador neste processo: a descoberta de que os sonhos refletem quem você é.

Cada sonho lúcido é um espelho de sua mente, revelando não apenas seus desejos, mas também seus medos, suas incertezas e sua essência mais pura. Ao dominar essa arte, você não apenas controla narrativas noturnas – você se torna um explorador do próprio inconsciente. Os sonhos passam a ser um laboratório para a criatividade, um campo de treinamento para sua coragem e uma ponte para o autoconhecimento.

E então, surge uma nova questão: se você pode despertar dentro dos seus sonhos, por que não despertar dentro da própria vida?

A realidade que você vive agora é, de muitas formas, um sonho moldado por suas percepções e crenças. Assim como no mundo onírico, há regras que parecem imutáveis – mas que, quando questionadas, revelam-se mais flexíveis do que você imagina. Assim como no sonho lúcido, você tem o poder de transformar cenários, desafiar expectativas e criar sua própria narrativa. A única diferença é que, ao contrário do sono, a vigília não termina quando você abre os olhos.

O despertar para a lucidez nos sonhos é apenas um prelúdio para um despertar ainda maior: o despertar para a vida consciente.

Que este livro não seja apenas uma fonte de conhecimento técnico, mas um convite para a exploração mais fascinante que existe – a jornada para dentro de si mesmo. Pois aqueles que dominam a arte de controlar os sonhos não apenas dormem melhor... eles vivem melhor.

E agora, a pergunta final: o que você fará com esse conhecimento?

A resposta, assim como seus sonhos, está em suas mãos.

www.ingramcontent.com/pod-product-compliance
Lightning Source LLC
LaVergne TN
LVHW040055080526
838202LV00045B/3654